PLATON

VON DER UNSTERBLICHKEIT DER SEELE

PLATON

VON DER UNSTERBLICHKEIT DER SEELE

In der Übersetzung von
Friedrich Daniel Ernst Schleiermacher

NIKOL
VERLAG

Satz & Layout: Nikol Verlag, Hamburg
Umschlag und Titelillustration:
Timon Schlichenmaier, Hamburg
Druck: CPI Moravia Books s.r.o.
Printed in the Czech Republic
ISBN: 978-3-86820-300-4

www.nikol-verlag.de

Einleitung

Was schon in der Einleitung zum »Gastmahl« vorläufig ist gesagt worden über die Verwandtschaft und das Zusammengehören dieser beiden Gespräche, das liegt uns nun zunächst ob in Beziehung auf das vorliegende Werk genauer durchzuführen, wie es eigentlich gemeint ist. Wollte nämlich jemand des Versuchs wegen mit uns annehmen, das »Gastmahl« und der »Phaidon« zusammengenommen wären zu den bereits gegebenen Darstellungen des Sophisten und des Staatsmannes die dritte, die des Philosophen; so würden wir ihn dann, damit ihm auch das Nähere nicht entgehe, aufmerksam darauf machen, daß in der Rede der Diotima aus dem Begriff der Liebe, um dieses Gebiet lediglich der Ausgeburt in dem Schönen anweisen zu können, das Verlangen nach der Weisheit ausdrücklich ausgeschlossen worden, und also gleichsam an einen anderen Ort hin verwiesen, welches man schon an sich für eine Andeutung auf den »Phaidon« ansehen könnte. Denn niemand wird ja wohl in Abrede sein, daß, wenn die Liebe überhaupt das Gute haben will, alsdann, wer die Weisheit liebt, nicht auch die Weisheit vorzüglich sollte für sich haben wollen, so daß dieses eben so wesentlich zu seinem Tun und Leben gehört, als sie anderen mitzuteilen und einzupflanzen. Und erst durch diese beiden Verrichtungen des Philosophen ist sein Verhältnis zu dem Sophisten und dem Staatsmann vollkommen bestimmt. Denn der Staatsmann als solcher erzeugt auch, aber nur vorbereitend in der Gattung, die besseren zwischen den äußersten Enden schwebenden Naturen, welche dann auch der Erkenntnis am meisten empfänglich sind; so daß der Philosoph am besten aus den Händen des wahren Staatsmannes den Gegenstand für seine Liebe empfängt, um dann in demselben das höhere Leben der Erkenntnis zu erzeugen und auszubilden. Und der Sophist gleichermaßen ist auch in dialektischem Teilen und Verknüpfen beschäftigt, aber von den Sinnen festgehalten in Lust und Wahn befangen, haftet er nur an den irdischen Abbildern, und will nur das Nichtseiende daraus für sich gewinnen und haben. Der Philosoph hingegen strebt sich das Seiende zu erwerben und rein zu erhalten in Erkenntnis, und deshalb sucht er, um sich zu den Urbildern zu erheben in denen es allein zu finden ist, wie er könne seine Seele, der sie einwohnen, für sich allein wirken lassen und loskommen von dem Einfluß der Sinne und des gesamten Leibes. Und eben dieses ist das Verlangen reiner Geist zu werden, das Sterbenwollen des Weisen, welches uns zu Anfang dieses Werkes beschrieben wird, und aus dem sich alle folgenden Untersuchungen entwickeln. Allein, wird mancher sagen, wenn auch dieses Sterbenwollen das andere wesentliche Treiben des Philosophen ist in Platons Sinn, so ist es doch nicht der hauptsächlichste Inhalt unseres Gespräches, sondern scheint nur als Einleitung und Veranlassung da zu stehen neben allen Verhandlungen über der Seelen Unsterblichkeit, welche doch offenbar dasjenige sind, worauf es am meisten ankommt. Daß nun die Unsterblichkeit wenigstens zu gleichen Teilen geht mit jenem Sterbenwollen, soll nicht geläugnet werden; nur übersehe auch niemand, wie eben in die Beweisführungen über die Unsterblichkeit immer wieder die Möglichkeit und Wahrheit des Erkennens verwebt ist, und beides in der Tat auf das innigste verbunden für unseren Schriftsteller. Denn das Streben nach Erkenntnis könnte als ein Sterbenwollen gar nicht stattfinden, auch nicht in dem Philosophen, wenn es notwendig zugleich wäre ein Vernichtetwerdenwollen. Und wenn die Seele das Seiende, welches nicht dem Entstehen und Vergehen und der ganzen Form des Werdens unterworfen ist, erkennen soll, so kann sie es, nach dem alten immer mit zu verstehenden Grundsatz, daß Gleiches nur von Gleichem erkannt wird, auch nur als eine eben so seiende und auf eben solche Weise. So ist denn die Ewigkeit der Seele die Bedingung der Möglichkeit alles wahren Erkennens für den Menschen, und wiederum die Wirklichkeit des Erkennens ist der Grund, aus welchem am sichersten und leichtesten die Ewigkeit der Seele eingesehen wird. Daher auch in den vorigen Gesprächen, in denen das Erkennen gesucht wurde, die Unsterblichkeit immer zugleich mit gesucht und geahnet ward; und man kann sagen, daß beide vom »Gorgias« und »Theaitetos« an immer mehr annähernd zusammentreten, bis sie endlich hier aufs genaueste verknüpft werden. Wer nun so den Zusammenhang dieser beiden Punkte im Sinn des Platon aufgefaßt hat, der wird wohl nicht länger Bedenken tragen, den »Phaidon« und das »Gastmahl« zusammenzustellen, und die Verwandtschaft beider anzuerkennen. Denn wie die dort beschriebene Liebe das Bestreben ist, das Unsterbliche mit dem Sterblichen zu verbinden, so ist die hier dargestellte reine Betrachtung das Bestreben, das Unsterbliche als solches aus dem Sterblichen zurückzuziehn. Und beide sind offenbar notwendig miteinander verbunden. Denn wenn die erkennende Seele wünscht, sich immer mehr und zuletzt gänzlich aus dem Gebiete des Werdens und Scheinens zu entfernen, so ist es, da ihr doch obliegt sich immer alles unbeseelten anzunehmen, nur schuldiger Ersatz, daß sie zuvor die Erkenntnis anderen, die länger in diesem Gebiete zu wandeln bestimmt sind, einpflanzte. Und auf der anderen Seite, wenn die Seele sich bestrebt in andere das Wahre hineinzubilden, so ist ja dieses die einzige Bewährung ihrer Liebe, wenn auch sie selbst dem Wahren allein anhangend, so weit sie kann, von dem Scheine flieht. Von diesen beiden wesentlichen Verrichtungen des Philosophen beherrscht nun je eine eines von unseren beiden Gesprächen; wiewohl eben ihr notwendiger Zusammenhang eine gänzliche Scheidung nicht zuließ, auch darin ganz dem Charakter dieser zweiten Periode der Platonischen Werkbildung entsprechend. Denn wie die Darstellung der Liebe in der Rede der Diotima gar nicht bestehen konnte ohne Rückweisung auf die reine Betrachtung, so blickt auch hier, wo eigentlich die Betrachtung dargestellt wird, auf mannigfaltige Weise das Verlangen hindurch, immer mit Gleichgesinnten zusammen zu leben, und in ihnen das Wahre mit zu erzeugen als gemeinsames Werk und Gut, nur daß es für den Sokrates gleichsam um ein ruhiges Hinscheiden zu gewähren als in seinem eigentlichen Kreise, schon im wesentlichen vollendet, dargestellt wird. Und dieses führt uns darauf, wie auch das mimische in beiden Gesprächen so sehr analog erscheint, und dasselbe Verhältnis bezeichnet. Im »Gastmahl« nämlich ist Sokrates vorzüglich dargestellt in der Festlichkeit und dem Glanze des Lebens, aber doch auch nicht vergessen, wie er in philosophische Betrachtung versunken alles übrige hintansetzen konnte; im »Phaidon« hingegen ist das am meisten hervorragende die Ruhe und Heiterkeit, mit welcher er den Tod erwartet, als den Befreier von allem was die Betrachtung stört, und wiederum unterbricht er auch so nicht das gewohnte Zusammenleben, sondern will noch mit dem tödlichen Becher die heiligen Gebräuche des festlichen Mahles begehen. Allgemein ist wohl anerkannt, daß es wenig Schöneres gibt von Darstellungen dieser Art als hier der sterbende Sokrates; aber ganz wird doch die

Seele erst von der Größe des Gegenstandes erfüllt, wenn man beide Bilder desselben Mannes, das hier und das im »Gastmahl« aufgestellte in eines zusammenfaßt.

Wenn nun jemand fragen wollte, warum denn nicht, wenn die Sache eine solche Bewandtnis hat, Platon dieses selbst getan, und überhaupt die Darstellung des Philosophen in seinen beiderlei Tätigkeiten in ein Werk zusammen gearbeitet habe: so ist dies, da man ihn selbst nicht mehr fragen kann, auf der einen Seite zu viel gefragt, und es kann uns nicht obliegen eine bestimmte Erklärung darüber zu geben; auf der andern Seite aber ist es leicht im allgemeinen hinzuweisen darauf, wie weit eben in dieser Periode die Philosophie selbst des Platon gebildet war, und wie sie ihm seine Werke gestaltete, so nämlich daß ohne gänzliche Trennung doch überwiegend in jedem ein Gegensatz vorherrscht, und ganz natürlich eben wie der »Gorgias« und der »Theaitetos« so auch das »Gastmahl« und der »Phaidon« zusammen gehören. Ja man kann sagen, daß sich diese Bildungsstufe in unserem Gespräch noch besonders abspiegelt in der Darstellung des Gegensatzes zwischen Seele und Leib, welche beide auch schroff genug, dem Äußeren nach, geschieden werden, aber doch, wo die Sache selbst redet, nie gänzlich von einander lassen können. Übrigens aber wäre es auch ein wunderliches Mißverständnis des Gesagten, wenn jemand dieses so streng und äußerlich nehmen wollte, daß die beiden Gespräche der dritte Teil jener im »Sophisten« angekündigten Trilogie sind, als ob Platon, die öftere Wiederholung der nämlichen Form fürchtend, nun den Philosophen auf eine andere Weise darzustellen beschloss, und weil er statt der etwas trocknen ironischen Einteilungen wieder die prachtvollste Mimik erwählt hätte, eben dadurch vielleicht zu einer Teilung des Gegenstandes bewogen worden wäre, und sich so beide Gespräche miteinander konstruiert und sie zugleich entworfen hätte. Denn es wäre zu derb und handfest, dergleichen behaupten zu wollen. Sondern leicht kann Platon die Trilogie haben unvollendet fallen gelassen, meinend, seine Leser könnten sich nun den Philosophen wie den zweiten Teil jener einen Rede im »Phaidros« selbst konstruieren, aus manchem früheren und späteren, worauf er sie in Gedanken verweisen konnte. Hat es sich aber auch so verhalten, so mußte ihm dennoch, und dies ist es eigentlich nur was wir behaupten, im Fortschreiten auf seiner schriftstellerischen Laufbahn notwendig dieselbe Aufgabe, unter einer andern Form wiederkommen.

Unsere beiden Gespräche nämlich bilden den ersten, so wie der »Philebos« den zweiten Übergangspunkt von den bisherigen Werken, deren Charakter das indirekte Verfahren war, zu den folgenden unmittelbar konstruktiven. Und wenn Platon im Begriff zu einer andern Methode sich zu wenden das, was er mit der bisherigen beabsichtigt, und was er, wenngleich ohne überall die Resultate mit gleicher Bestimmtheit auszusprechen, auch wirklich gelehrt und festgestellt hatte, noch einmal, beschließend sowohl das Alte als vorbereitend das Neue, zusammenfassen wollte: was konnte ihm anders entstehen, als daß er das Tun des Philosophen als reines Tun, denn die Schilderung seiner Werkbildung sollte nun ihm erst angehn, so darstellte, wie er es nach eigener Lust und Einsicht geübt hatte? Merkwürdig bleibt es freilich und könnte auf eine frühere Abfassung unserer Gespräche zu deuten scheinen, daß das in den unmittelbar vorangehenden Gesprächen so fast verschwundene und im »Philebos« auch gleich wieder sehr zurückgedrängte Mimische in diesen beiden Gesprächen so gewaltig heraustritt, gleichsam in seiner letzten und höchsten Glorie. Allein teils sieht wohl Jeder, daß das Mimische auch in keinem andern Gespräche, am wenigsten in den frühesten, dem »Phaidros« und dem »Protagoras« so ganz in den Gegenstand verwachsen und innig mit ihm eines ist als hier, und es also auch nirgends ein größeres Recht hatte, sich in vollem Glanze zu zeigen. Teils auch können mancherlei andere Umstände hiezu Veranlassung gegeben haben, im »Gastmahl«, von welchem ohnehin gewiß ist, daß es nicht zu den früheren Werken des Platon gehört, in diesem etwa die nicht abzuläugnende apologetische Tendenz der eine anschauliche Darstellung des Sokratischen Lebens sehr gut mußte zu statten kommen, im »Phaidon« vielleicht die Erinnerung an die eigenen sikelischen Begebenheiten, und der Wunsch zu zeigen, wie feigherzige Furcht vor dem Tode dem wahren Schüler des Sokrates nicht einwohnen könne. Darum ist es auch gar nicht das genaue Verhältnis zu dem »Gastmahl« allein, was dem »Phaidon« diese Stelle in den Platonischen Werken bestimmt. Vielmehr ist es das so deutliche Zusammenfassen alles bisherigen, die bestimmte Vorbereitung auf das künftige, worauf wir einen Jeden vorzüglich verweisen; mag ihm dann jenes besondere Verhältnis mehr oder minder klar einleuchten, dies kann der Hauptsache keinen Eintrag tun.

Zuerst wird wohl jeder sehen, daß nur bei dem Übergang von den bisherigen Werken zu den künftigen jene Rechenschaft an ihrer Stelle war, die uns hier Platon in der Person des Sokrates ablegt von seinen Fortschritten in der Spekulation, und von den Wendungen seiner philosophischen Laufbahn, wie er nämlich den Anfang gemacht mit dem Anaxagoras, wie ihm durch diesen zuerst die Idee des Guten und die Herrschaft der Vernunft als höchste Norm aller Weltbetrachtung eingeleuchtet, wie er sich auf dialektischem Wege von der Untauglichkeit der Empedokleischen Physik überzeugt, und deshalb, so lange seine eigene Idee ihm noch nicht klar genug gewesen, um sie als Prinzip treu und vollständig durchzuführen, nicht anders als kritisch und hypothetisch habe zu verfahren gewußt, was vorzüglich wohl auf seine Behandlung der Eleatischen und

Herakleitischen Philosophie geht, und auf das Resultat derselben, daß nur die ewigen Formen das Beharrliche sind zu dem Wechselnden und die wahren Einheiten zu dem Mannigfaltigen, und daß nur auf sie und die Beziehung der Dinge zu ihnen Erkenntnis und Wissenschaft von irgend etwas kann gebaut werden. Welcher Grundsatz hier zuerst ganz frei und mit solcher Bezugnahme auf die Konstruktion der Wissenschaft aufgestellt wird, daß jeder, der sich auf Platonische Wendungen und den Platonischen Wert der Ausdrücke versteht, sehr leicht sehen muß, indem Platon dieses geschrieben, sei ihm auch die Idee des Guten nicht mehr zu fremd gewesen oder zu unklar, um aus ihr in Verbindung mit jenem Grundsatz beide Wissenschaften, die auch hier angedeutet werden, aufzubauen. Sondern jeder recht aufmerksame Leser fühlt gewiß bei dieser Stelle die bestimmteste Neigung, gleich aus dem »Phaidon« in den »Timaios« hinüberzuspringen, bis er sich etwa besinnt, daß dem Platon das sittenwissenschaftliche überall früher komme in seinen Darstellungen als das naturwissenschaftliche, und daß auf der andern Seite doch auch die Idee des Guten selbst, noch einer genaueren Darlegung fähig, und zumal wegen der damals schwebenden Streitpunkte, auch wohl bedürftig sei, und wir also zuvor noch den »Philebos« und die »Republik« durchzumachen haben, die auch hier beide offenbar aus dem »Phaidon« emporkeimen. Auch das entgeht wohl keinem gesunden Gefühl, daß die Lehre von der Seele in unserem

Gespräch noch unfertig ist, aber doch in der letzten Entwicklung, nicht mehr mythologisch verpuppt wie im »Phaidros«, sondern wie der eben ausschlüpfende Schmetterling, dem nur noch die Flügel, welches ja in wenigen Momenten geschieht, zur Vollständigkeit wachsen müssen, was dann ebenfalls ganz nahe auf den »Timaios« hinweiset. Denn wie die Seele hier beschrieben wird, als Leben überall hinbringend, als dem sich immer gleich bleibenden verwandter, das nähert sich zwar der strengen Bestimmtheit, aber es ist sie noch nicht selbst, und es sieht ganz so aus, wie wenn jemand von einem Gegenstand, dem eine eigene Untersuchung soll gewidmet werden, zum Behuf einer anderen soviel nur beibringt, als jeder ohne weiteres zugeben muß.

Wie nun alle diese Andeutungen auf das, was noch kommen sollte, dem »Phaidon« seinen Platz anweisen vor den letzten großen Werken des Platon, aber nahe an dieselben ihn hinanrückend, so bestimmen auch alle Verhältnisse zu den bereits mitgeteilten Gesprächen ihm seinen Platz nach diesen. Wenn wir nämlich auf die Gespräche, welche den zweiten Teil bilden, in der Ordnung, wie sie hier aufgeführt werden, sehen, so finden wir, daß in demselben der Zusammenhang, welcher statt findet zwischen der Platonischen Lehre von der Erkenntnis und der von der Unsterblichkeit, noch nicht mit festen Strichen sondern nur auf entfernte Art gezeichnet wird, indem wo von dem seienden und gleichen im Gegensatz des veränderlichen und werdenden die Rede ist, auch immer irgendwie der Unsterblichkeit Erwähnung geschieht. Näher wird er zuerst gebracht durch die Art, wie im »Menon« die Lehre, daß die Erkenntnis Erinnerung sei, durchgeführt und anschaulich gemacht wird, worauf sich auch Platon hier im »Phaidon« beruft, vielleicht bestimmter und ausdrücklicher als irgend sonstwo auf ein früheres Werk. Denn wer diese Berufung läugnen wollte, dem bliebe schwerlich etwas anderes übrig, als anzunehmen, die Aussage des Sokratischen Kebes gehe nur auf mündliche Vorträge, sei es nun des Sokrates oder des Platon, zurück, und nach eben dieser Aussage sei nun der »Menon«, aber dann wohl nicht vom Platon selbst, sondern von einem andern gebildet worden; was indes wohl keinem, der irgend gesunde Kritik ausübt, wird wahrscheinlich gemacht werden können. Ganz klar aber konnte jener Zusammenhang nicht füglich dargestellt werden, bis die im »Sophisten« enthaltenen Untersuchungen vorangegangen waren; und die Leichtigkeit, mit der sich Sokrates alles was diesen Punkt betrifft als längst abgesprochene Sachen zugeben läßt, wäre ohne eine solche Beziehung unerklärlich. Darum also erfolgt diese Darstellung erst hier, hier aber dafür auch ganz vollständig, und der Ort, wo sie gegeben wird, ist unstreitig der Kern des ganzen Gespräches, wie denn offenbar der Platonische Sokrates selbst darauf das meiste Gewicht legt, daß es die gleiche Notwendigkeit ist, vermöge deren die Ideen sind und die Seele ist, auch ehe wir geboren werden, und auch die gleiche Weise wie die Ideen sind und wie die Seele ist außer dem Gebiete des Werdens, worin sie im Leben erscheint. Dieses nur ist dem Sokrates und den seinigen das unmittelbar gewisse, woran sie fest halten, eben weil es mit der Realität der Erkenntnis selbst unmittelbar eins und dasselbige ist; und diejenigen, welche den Platon anders verstehen, oder wenigstens ihm eine andere Vorstellung der Unsterblichkeit, als sei sie das ihm unmittelbar gewisse und das Resultat seiner Demonstration, unterschieben, mögen sich durch diese Stelle warnen lassen, daß sie sich nicht denen ohne es zu wollen beigesellen, welche verwirrt genug träumen, daß nach Platon auch die Ideen, außer der Natur und außer dem Gemüt, noch irgendwo ein ich weiß nicht auf welche Weise sinnliches oder irgendwie räumliches und äußeres Dasein hätten. Denn außer dem, was mit jenem höheren wahrhaft unsterblichen Sein der Seele notwendig zusammenhängt, und hier auch als eine ordentliche Rede durchgeführt wird, daß nämlich die in der Zeit sich immer wiederholenden Erscheinungen der Seele im Leibe immer wieder aus der Fülle jener Unsterblichkeit hervorgehen, und wahre Wiederholungen sind, nicht neue Schöpfungen, außer diesem ordnet Platon selbst alle andern Vorstellungen und näheren Bestimmungen unter jene Lehre als nicht gleichartiges noch von gleichem Grade der Gewißheit, sondern teils als anmutiges Gespräch und als Beschwörungen für das Kind in uns, welches törichterweise den Tod fürchtet, teils hat es überhaupt eine andere Beziehung. So zum Beispiel sind die wiederholten und immer vervollkommneten Erscheinungen der Seele im Leben des Leibes ganz gleichartig und gleichlaufend mit den verschiedenen Orten derselben auf der Erde, an deren einem sie auch deutlicher und minder getrübt sieht als an anderen; aber was sie sieht sind doch immer nur die Dinge, und nicht im helleren Vorstellen deutlicherer Abdrücke der Ideen, bewährt sich ihr höheres und wahrhaft unsterbliches Sein, sondern nur im Erkennen selbst. Daher dient beides wohl mehr dazu, das ganze Gebiet der Seele im Reiche des Werdens und des leiblichen Lebens zu verzeichnen, als die Unsterblichkeit selbst darzustellen oder näher zu bestimmen. Ja wer weiß, ob nicht der ganze Einwurf des Kebes, daß das Überdauern der Seele über viele Leiber noch nicht die Unsterblichkeit beweise, der etwas hart und unerwartet an den Simmias, den Schüler des Philolaos gerichtet wird, verdeckterweise gegen die Pythagoreer gemeint ist, welche glaubten in der Seelenwanderung die Unsterblichkeit dargestellt zu haben, und daher, worüber auch früher geklagt wird, nichts genaueres über diese lehrten. Nur lasse sich niemand etwa hiedurch und durch die Harmonia verführen, zu glauben, daß vielleicht auch Simmias seine Einwendung, daß die Seele wohl nur Stimmung des im Körper gegebenen sein könne, gleichsam im Namen der Pythagoreer vortrage. Vielmehr waren diese wohl darin ganz einig mit Platon, daß nur die Tugend und das Laster als Stimmung der

Seele selbst könne angesehen werden, und die Einwendung ist vielmehr ganz im Geiste des strengen atomistischen Systems, dem sich aber freilich von dieser Seite Empedokles nicht wenig nähert, so daß sich schwerlich möchte entscheiden lassen, wem namentlich die Einkleidung des Gedankens abgeborgt oder angepaßt ist. Und wem die Beantwortung, teilweise wenigstens, unklar und ungenügend scheint, der übersehe nur nicht, daß sie sich auf den, schon an mehreren Orten, angeregten Unterschied bezieht zwischen den Begriffen, welche dem mehr und weniger unterworfen sind, und denen, welche ein eigenes Sein ausdrückend auch ihr Maß in sich selbst haben; denn hieraus läßt sich wohl finden, obgleich es nicht ganz in unserer Art ist die Sache zu sehen, wiefern die Stimmung wohl sich unter jene setzen lasse, die Seele aber nur unter diese.

Ungerechnet nun diese allgemeine Beziehung auf die bisherigen Gespräche, vermöge der Verbindung zwischen der Lehre von der Erkenntnis und der von der Unsterblichkeit, fehlt es auch nicht an anderen mehr oder minder mit jenem durchgreifenden Hauptpunkt zusammenhängenden Rückweisungen auf anderes frühere. So erinnert zum Beispiel, außer jener Anführung, auch dasjenige noch an eine Stelle im »Menon«, was hier von der gemeinen und bürgerlichen Tugend gesagt wird, und es scheint, Platon habe hier zeigen gewollt, daß diese niedere Art der Tugend, eigentlich nur ein Schattenbild der wahren, auch stattfinden könne, ohne daß selbst eine eigene richtige Vorstellung dabei zum Grunde liegt; und jene Ansicht im »Staatsmann« von den natürlichen Anlagen, welche die eine zu dieser, die andere zu jener Tugend führen, bildet gleichsam den Übergang zwischen beiden. So auch wo von der wahren Tugend die Rede ist, und sie als Vernünftigkeit beschrieben wird, setzt die Art, wie auf den »Protagoras« Rücksicht genommen und noch einmal jeder Mißverstand der dortigen Dialektik beseitigt wird, eigentlich alle dazwischenliegenden Untersuchungen voraus. Denn nun erst können wir wissen, was doch notwendig dazu gehört, daß das Abschätzen verschiedener Lustgrade gegeneinander keine Erkenntnis sein kann. Ferner die Abkunft der Geborenwerdenden aus den Toten, die hier, aus einem Naturgesetz, alles Werdenden allgemein abgeleitet wird, haben wir im »Staatsmann« schon in einer mythischen Darstellung gehabt, die sich wohl einem Jeden als die frühere wird zu erkennen geben. So ist auch ebendaselbst schon der erste Grund gelegt zu der höchsten Erweiterung und allgemeinsten Behandlung des Begriffs der Seele, indem gesagt ist, daß auch Himmel und Erde der Natur des Leibes teilhaftig sind, zu dem es ja auf diese Weise notwendig auch eine Seele geben muß, so daß auch von dieser Seite angesehn der »Phaidon« näher vorbereitend und bestimmend zwischen jenes Werk und den »Timaios« tritt. Ebenso wenn man genau betrachtet, was hier von der Lust gesagt wird, kann man kaum glauben, es sei früher als das im »Gorgias« abgehandelte, so sehr ist es leidenschaftloser hingestellt und aus einer tieferen Anschauung geschöpft; wohl aber wird es jeder für früher erkennen, als den »Philebos«, der erst die ausgeführte Darstellung des Angenehmen von dieser Seite enthält; ja es scheint fast, als ob Platon hier habe darauf vorbereiten gewollt, daß dieser Gegenstand noch einmal müsse abgehandelt werden, und zwar reifer, ruhiger, mit mehr Berücksichtigung der Natur. Für jeden aber, der vom »Phaidon« aus auf die bisher mitgeteilten Werke umherschaut, wird wohl am meisten Reiz haben, die Vergleichung desselben mit dem »Phaidros«, wegen der mannigfaltigen Berührungspunkte zwischen beiden. Und vielleicht wird es den meisten so gehen, daß wenn sie den »Phaidon« schon eine Weile hinter sich haben, und sie sich dann den »Phaidros« dicht vors Auge halten, sie einzelne Punkte in demselben finden werden, die ihnen dem »Phaidon« zu ähnlich scheinen, um einen großen Zwischenraum zwischen beiden zu gestatten, ja vielleicht manche, in denen sie noch mehr Vorschmack vom »Timaios« finden, und deshalb den »Phaidros« für später halten möchten als den »Phaidon«; woraus ich mir denn erkläre, wie auch diese Meinung Anhänger gefunden hat. Wer hingegen sich beide Werke in gleiche Entfernung stellt, und also das Ganze von beiden gleichförmig zu überschauen im Stande ist, der glaube ich wird sich wundern müssen, um wievieles doch der »Phaidon« sich vollendeter zeigt, weiser und eines reiferen Alters würdig, so daß er sich recht zum »Phaidros« verhält, wie der sterbende Sokrates zu jenem, der noch vieles zu lernen hofft von den Leuten auf dem Markte. Denn schon das mythische sogar, wieviel nüchterner ist es und besonnener! Hier ist nicht mehr die Rede von einem überhimmlischen Ort und von einem blinzelnden Schauen der Ideen, und kein Bedürfnis regt sich der trocken aufgestellten Unsichtbarkeit derselben durch ein mißdeutliches Bild nachzuhelfen; sondern es genügt, um den Kreislauf der Seele zu zeigen, an einer Darstellung der Erde, welche zwar auch auf Sagen der Dichter und der Weisen gebaut ist, aber doch auf späteren, mehr Ahnung von Wissenschaft enthaltenden. Ja wiewohl man nicht in jeder Einzelheit eine besondere Bedeutung suchen soll, würden wir doch demjenigen kaum abstimmen, welcher vermutete, was von Sokrates Behandlung der Aesopischen Fabeln gesagt wird, sei eine Rechtfertigung dafür, daß in den meisten Platonischen Mythen so wenig eigne Erfindung enthalten ist. Und wieviel gebildeter ist nicht im »Phaidon« das philosophische Talent, wieviel bestimmter tritt der Zusammenhang eigner Einsichten auf, wie wird hier, verglichen mit jener jugendlichen Freude an den ersten Elementen, über die philosophische Methode gesprochen aus langer Übung und vielseitiger Kenntnis, so daß gewiß leichter der junge Platon den Sokrates im »Phaidros« so jung konnte reden lassen, als im »Phaidon« so alt. Ja selbst wenn jemand annehmen will, Platon habe, als er den »Phaidros« schrieb, schon Kenntnis gehabt von Pythagoreischen Schriften, was uns jedoch noch immer keinesweges notwendig scheint; wie ganz anders wird von dieser Schule dort gehandelt, wo sie als eine ferne mythische Weisheit erscheint, und hier, wo Platon Hand anlegt um das Unzulängliche in ihren Lehren zu ergänzen. Und nun der im »Phaidros« geführte Beweis für die Unsterblichkeit der Seele, wird wohl jemand glauben können, dieser sei noch eine annehmliche Zugabe nach allem was in unserem Gespräch über diesen Gegenstand darüber verhandelt ist? Und wird nicht vielmehr jeder einsehen, Platon habe diesen Beweis bei Seite gestellt und gleichsam verläugnet, weil er sich nun gescheut, die Seele, wie er dort getan, Urgrund, oder Gott, welcher der wahre Urgrund ist, Seele zu nennen? Diejenigen also, welche den »Phaidon« gleich nach des Sokrates Tode, den »Phaidros« aber erst nach der Ägyptischen Reise geschrieben glauben, was können sie wohl außer dem in der Einleitung zum »Phaidros« schon besprochenen noch aufbringen, als etwa einerseits den großen Fund, wenn wir ihnen dieses nicht erst leihen, daß im »Phaidros« als Veranlasser von Reden Simmias deshalb über den Phaidros gesetzt werde, weil er die Reden im »Phaidon« veranlaßt habe, und andrerseits jene einzelnen Stellen im »Phaidros«, in denen doktrinelle Gegenstände mit einer größeren Bestimmtheit ausgesprochen werden, als der ersten Schrift zuzukommen scheint, und in denen Wörter vorkommen, welche Untersuchungen voraussetzen, die sich erst in anderen Gesprächen finden. Allein wie wenig jener Umstand, gegen alles von uns aufgestellte, besagen will, leuchtet wohl jedem ein; und so auch kann jedem überlassen bleiben, sich selbst zu erklären, wie diese wenigen Stellen des »Phaidros« aus der dialektischen Tendenz desselben, auch bei einem noch ganz unentwickelten Zustande der Platonischen Philosophie, entstanden sind, so daß es der Ausrede gar nicht bedarf, als seien sie bei einer späteren Bearbeitung erst eingelegt, wiewohl sie eingelegt genug aussehn. Endlich ohne allen Bezug auf den »Phaidros« wäre wohl für eine so frühe Stellung des »Phaidon« nichts zu sagen, als daß eine so ausführliche Darstellung des Sokrates nur kurz nach seinem Tode an ihrem Ort gewesen wäre, und daß die Stelle im »Theaitetos« über die Flucht von hinnen eine Erläuterung über das Sterbenwollen im »Phaidon« sein solle; und solche Gründe anführen heißt genugsam die Schwachheit der Sache ins Licht setzen.

Diese Auseinandersetzung, in welche sich zugleich von selbst eingefügt hat, was über den Inhalt des Gesprächs vorher zu erinnern war, wird hoffentlich dem »Phaidon« seine Stelle zwischen dem »Gastmahl« und dem »Philebos« sichern. Außerdem sind chronologische Spuren nicht geradezu vorhanden, wohl aber deuten mehrere Zeichen auf eine spätere Zeit. Nur auf zwei wollen wir aufmerksam machen. Einmal trägt die Art, wie Sokrates sowohl in dem Mythos den Sitz der hellenischen Bildung als die schlechteste Gegend der Erde darstellt, als auch ausdrücklich seine Schüler ermahnt, die Weisheit auch außerhalb Hellas unter den Geschlechtern der Barbaren zu suchen, durchaus das Gepräge einer späteren Zeit, wo vorzüglich vielleicht durch die Bekanntschaft mit den Pythagoreern die Sehnsucht nach morgenländischer Weisheit aufgeregt war, und hat eine ganz andere Bedeutung als anderwärts wohl einzelne Anpreisungen der Ägyptier oder Lokrer oder Geten. Dann aber auch wird hier offenbar die Bekanntschaft mit den Schriften des Philolaos vorausgesetzt, und das Gespräch selbst lehrt genugsam, daß diese in Athen selbst damals noch nicht einheimisch waren, weil nur den Thebischen Freunden zugemutet wird von der Lehre des Mannes, der sich dort aufgehalten, zu wissen; nach Schriften aber, die in Athen bekannt waren, auf andere Weise pflegt gefragt zu werden; so daß die Sage allerdings Wahrscheinlichkeit gewinnt, Platon habe diese Bücher als ein Gastgeschenk von seinen Reisen mitgebracht.

Phaidon

Echekrates · Phaidon

Echekrates: Warest du selbst, o Phaidon, bei dem Sokrates an jenem Tage, als er das Gift trank in dem Gefängnis, oder hast du es von einem andern gehört?

Phaidon: Selbst war ich da, o Echekrates.

Echekrates: Was also hat denn der Mann gesprochen vor seinem Tode, und wie ist er gestorben? Gern hörte ich das. Denn weder von meinen Landsleuten, den Phliasiern, reiset jetzt leicht einer nach Athen, noch ist von dort her seit geraumer Zeit ein Gastfreund angekommen, der uns etwas Genaues darüber berichten konnte, außer nur, daß er das Gift getrunken hat und gestorben ist, von dem übrigen wußte keiner etwas zu sagen.

Phaidon: Auch von der Klage also habt ihr nichts erfahren, wie es dabei hergegangen ist?

Echekrates: Ja, das hat uns jemand erzählt, und wir haben uns gewundert, daß, da sie schon längst abgeurteilt war, er offenbar erst weit später gestorben ist. Wie war doch das, o Phaidon?

Phaidon: Durch Zufall fügte es sich so, Echekrates. Es traf sich nämlich, daß gerade an dem Tage vor dem Gericht das Schiff war bekränzt worden, welches die Athener nach Delos senden.

Echekrates: Was hat es damit auf sich?

Phaidon: Dies ist das Schiff, wie die Athener sagen, worin einst Theseus fuhr, um jene zweimal sieben nach Kreta zu bringen, die er rettete und sich selbst auch. Damals nun hatten sie dem Apollon gelobt, wie man sagt, wenn sie gerettet würden, ihm jedes Jahr einen Aufzug nach Delos zu senden, welchen sie nun seitdem immer und auch jetzt noch jährlich an den Gott senden. Sobald nun dieser Aufzug angefangen hat, ist es gesetzlich, während dieser Zeit die Stadt rein zu halten und von Staats wegen niemanden zu töten, bis das Schiff in Delos angekommen ist, und auch wieder zurück. Und dies währt bisweilen lange, wenn widrige Winde einfallen. Des Aufzuges Anfang ist aber, wenn der Priester des Apollon das Vorderteil des Schiffes bekränzt; und dies, wie ich sage, war eben den Tag vor dem Gerichtstage geschehen. Daher hatte Sokrates soviel Zeit in dem Gefängnis zwischen dem Urteil und dem Tode.

Echekrates: Wie war es aber bei seinem Tode selbst, o Phaidon? Was wurde gesprochen und vorgenommen? Welche von seinen Vertrauten waren bei dem Manne? Oder ließ die Behörde sie nicht zu ihm, und er starb ohne Beisein von Freunden?

Phaidon: Keinesweges, sondern es waren deren, und zwar ziemlich viele zugegen.

Echekrates: Alles dieses bemühe dich doch uns recht genau zu erzählen, wenn es dir nicht etwa an Muße fehlt.

Phaidon: Nein, ich habe Muße, und will versuchen es euch zu erzählen. Denn des Sokrates zu gedenken, sowohl selbst von ihm redend als auch anderen zuhörend, ist mir immer von allem das Erfreulichste.

Echekrates: Und eben solche, o Phaidon, hast du jetzt zu Hörern. Also versuche nur, alles, so genau du immer kannst, uns vorzutragen.

Phaidon: Mir meines Teils war ganz wunderbar zumute dabei. Bedauern nämlich kam mir gar nicht ein als wie einem, der bei dem Tode eines vertrauten Freundes zugegen sein soll; denn glückselig erschien mir der Mann, o Echekrates, in seinem Benehmen und seinen Reden, wie standhaft und edel er endete, so daß ich vertraute, er gehe auch in die Unterwelt nicht ohne göttlichen Einfluß, sondern auch dort werde er sich Wohlbefinden, wenn jemals einer sonst. Darum nun trat mich weder etwas Weichherziges an, wie man doch denken sollte bei solchem Trauerfall, noch auch waren wir fröhlich wie in unseren philosophischen Beschäftigungen nach gewohnter Weise, obwohl unsere Unterredungen auch von dieser Art waren; sondern in einem wunderbaren Zustande befand ich mich und in einer ungewohnten Mischung, die aus Lust zugleich und Betrübnis zusammengemischt war, wenn ich bedachte, daß er nun gleich sterben würde. Und alle Anwesenden waren fast in derselben Gemütsstimmung, bisweilen lachend, dann wieder weinend, ganz vorzüglich aber einer unter uns, Apollodoros. Du kennst ja wohl den Mann und seine Weise.

Echekrates: Wie sollte ich nicht!

Phaidon: Der war nun ganz vorzüglich so; aber auch ich war gleichermaßen bewegt und die übrigen.

Echekrates: Welche aber waren denn gerade da, Phaidon?

Phaidon: Eben dieser Apollodoros war von den Einheimischen zugegen, und Kritobulos mit seinem Vater Kriton; dann noch Hermogenes und Epigenes und Aeschines und Antisthenes. Auch Ktesippos der Paeanier war da, und Menexenos und einige andere von den Eingebornen; Platon aber, glaube ich, war krank.

Echekrates: Waren auch noch Fremde zugegen?

Phaidon: Ja, Simmias der Thebaier und Kebes und Phaidondes, und aus Megara Eukleides und Terpsion.

Echekrates: Wie aber Aristippos und Kleombrotos, waren die da?

Phaidon: Nein, es hieß sie wären in Aegina.

Echekrates: War noch sonst jemand gegenwärtig?

Phaidon: Ich glaube, dies waren sie ziemlich alle.

Echekrates: Und wie nun weiter? Was für Reden, sagst du, wurden geführt?

Phaidon: Ich will versuchen, dir alles von Anfang an zu erzählen. Wir pflegten nämlich auch schon die vorigen Tage immer zum Sokrates zu gehen, ich und die anderen, und versammelten uns des Morgens im Gerichtshause, wo auch das Urteil gefällt worden war; denn dies ist nahe bei dem Gefängnis. Da warteten wir jedesmal, bis das Gefängnis geöffnet wurde, und unterredeten uns unterdessen. Denn es wurde nicht sehr früh geöffnet; sobald es aber offen war, gingen wir hinein zum Sokrates, und brachten den größten Teil des Tages bei ihm zu. Auch damals nun hatten wir uns noch früher versammelt, weil wir Tages zuvor, als wir Abends aus dem Gefängnis gingen, erfahren hatten, daß das Schiff aus Delos angekommen sei. Wir gaben uns also einander das Wort, auf das früheste an dem gewohnten Ort zusammenzukommen. Das taten wir auch, und der Türsteher, der uns aufzumachen pflegte, kam heraus und sagte, wir sollten warten und nicht eher kommen, bis er uns riefe. Denn, sprach er, die Elf lösen jetzt den Sokrates, und kündigen ihm an, daß er heute sterben soll. Nach einer kleinen Weile kam er denn und hieß uns hineingehen. Als wir nun hineintraten, fanden wir den Sokrates eben entfesselt, und Xanthippe, du kennst sie doch, sein Söhnchen auf dem Arm haltend, saß neben ihm. Als uns Xanthippe nun sah, wehklagte sie, und redete allerlei dergleichen wie die Frauen pflegen, wie: O Sokrates, nun reden diese deine Freunde zum letztenmale mit dir, und du mit ihnen. Da wendete sich Sokrates zum Kriton, und sprach: O Kriton, laß doch jemand diese nach Hause führen. Da führten einige von Kritons Leuten sie ab, heulend und sich übel gebärdend. Sokrates aber, auf dem Bette sitzend, zog das Bein an sich und rieb sich den Schenkel mit der Hand, indem er zugleich sagte: Was für ein eigenes Ding, ihr Männer, ist es doch um das, was die Menschen angenehm nennen, wie wunderlich es sich verhält zu dem, was ihm entgegengesetzt zu sein scheint, dem Unangenehmen, daß nämlich beide zu gleicher Zeit zwar nie in dem Menschen sein wollen, doch aber, wenn einer dem einen nachgeht und es erlangt, er meist immer genötigt ist, auch das andere mitzunehmen, als ob sie zwei an einer Spitze zusammengeknüpft wären; und ich denke, wenn Aesopos dies bemerkt hätte, würde er eine Fabel daraus gemacht haben, daß Gott beide, da sie im Kriege begriffen sind, habe aussöhnen wollen, und weil er dies nicht gekonnt, sie an den Enden zusammengeknüpft habe, und deshalb nun, wenn jemand das eine hat, komme ihm das andere nach. So scheint es nun auch mir gegangen zu sein; weil ich von der Fessel in dem Schenkel vorher Schmerz hatte, so kommt mir nun die angenehme Empfindung hintennach. – Darauf nahm Kebes das Wort und sagte: Beim Zeus, Sokrates, das ist gut, daß du mich daran erinnerst. Denn nach deinen Gedichten, die du gemacht hast, indem du die Fabeln des Aesopos in Verse gebracht, und nach dem Vorgesang an den Apollon, haben mich auch andere schon gefragt, und noch neulich Euenos, wie es doch zugehe, daß seitdem du dich hier befindest du Verse machest, da du es zuvor nie getan hast. Ist dir nun etwas daran gelegen, daß ich dem Euenos zu antworten weiß, wenn er mich wieder fragt, und ich weiß gewiß, das wird er, so sprich, was ich ihm sagen soll. – Sage ihm denn, sprach er, o Kebes, die Wahrheit, daß ich es nicht tue, um etwa gegen ihn und seine Gedichte aufzutreten, denn das wüßte ich wohl, wäre nicht leicht, sondern um zu versuchen, was wohl, ein gewisser Traum meine, und mich vor Schaden zu hüten, wenn etwa dies die Musik wäre, die er mir anbefiehlt. Es war nämlich dieses; es ist mir oft derselbige Traum vorgekommen in dem nun vergangenen Leben, der mir, bald in dieser, bald in jener Gestalt erscheinend, immer dasselbige sagte: O Sokrates, sprach er, mach und treibe Musik. Und ich dachte sonst immer, nur zu dem, was ich schon tat, ermuntere er mich und treibe mich noch mehr an, wie man die Laufenden anzutreiben pflegt, so ermuntere mich auch der Traum zu dem, was ich schon tat, Musik zu machen, weil nämlich die Philosophie die vortrefflichste Musik ist, und ich diese doch trieb. Jetzt aber, seit das Urteil gefällt ist und die Feier des Gottes meinen Tod noch verschoben hat, dachte ich doch, ich müsse, falls etwa der Traum mir doch beföhle, mit dieser gemeinen Musik mich zu beschäftigen, auch dann nicht ungehorsam sein, sondern es tun. Denn es sei doch sicherer, nicht zu gehen, bis ich mich auch so vorgesehen und Gedichte gemacht, um dem Traum zu gehorchen. So habe ich denn zuerst auf den Gott gedichtet, dem das Opfer eben gefeiert wurde, und nächst dem Gott, weil ich bedachte, daß ein Dichter müsse, wenn er ein Dichter sein wolle, Fabeln dichten und nicht vernünftige Reden, und ich selbst nicht erfindsam bin in Fabeln, so habe ich deshalb von denen die bei der Hand waren und die ich wußte, den Fabeln des Aesopos, welche mir eben aufstießen, in Verse gebracht. Dieses also, o Kebes, sage dem Euenos, und er solle Wohlleben, und wenn er klug wäre, mir nachkommen. Ich gehe aber, wie ihr seht, heute, denn die Athener befehlen es. – Da sagte Simmias: Was läßt du doch da dem Euenos sagen, o Sokrates! Ich habe schon viel mit dem Manne verkehrt; aber soviel ich gemerkt, wird er auch nicht die mindeste Lust haben, dir zu folgen. – Wieso? fragte er, ist Euenos nicht ein Philosoph? – Das dünkt mich doch, sprach Simmias. – Nun so wird er auch wollen, er und jeder, der würdig an diesem Geschäfte teilnimmt nicht unwürdig hiezu mit gehört. Nur Gewalt wird er sich doch nicht selbst antun; denn dies, sagen sie, sei nicht recht. Und als er dies sagte, ließ er seine Beine von dem Bett wieder herunter auf die Erde, und so sitzend sprach er das übrige. – Kebes fragte ihn nun: Wie meinst du das, o Sokrates, daß es nicht recht sei, sich selbst Leides zu tun, daß aber doch der Philosoph dem Sterbenden zu folgen wünsche? – Wie Kebes? Habt ihr über diese Dinge nichts gehört, du und Simmias, als ihr mit dem Philolaos zusammenwaret? – Nichts Genaues wenigstens, Sokrates. – Auch ich kann freilich nur vom Hörensagen davon reden; was ich aber gehört, bin ich gar nicht abgünstig euch zu sagen. Auch ziemt es sich ja wohl am besten, daß der, welcher im Begriff ist dorthin zu wandern, nachsinne und sich Bilder mache über die Wanderung dorthin, wie man sie sich wohl zu denken habe. Was könnte einer auch wohl noch weiter tun in der Zeit bis zum Untergang der Sonne! – Weshalb also sagen sie, es sei nicht recht sich selbst zu töten, o Sokrates? Denn ich habe dies auch schon, wonach du eben fragtest, vom Philolaos gehört, als er sich bei uns aufhielt, und auch schon von anderen, daß man dies nicht tun dürfe. Genaues aber habe ich von keinem jemals etwas darüber gehört. – So mußt du dich noch weiter bemühen, sagte er, du kannst es ja wohl noch hören. Vielleicht aber kommt es dir auch wunderbar vor, daß dies allein unter allen Dingen schlechthin so sein soll, und auf keine Weise, wie doch sonst überall, bisweilen und einigen besser zu sterben als zu leben. Und denen nun besser wäre zu sterben, wird dir wunderbar vorkommen, daß es diesen Menschen nicht erlaubt sein solle, sich selbst wohlzutun, sondern sie einen anderen Wohltäter erwarten sollen. – Da sagte Kebes etwas lächelnd und in seiner Mundart: Das mag Gott wissen. – Es kann freilich so scheinen, unvernünftig zu sein, sprach Sokrates, aber es hat doch auch wieder einigen Grund. Denn was darüber in den Geheimnissen gesagt wird, daß wir

Menschen wie in einer Feste sind und man sich aus dieser nicht selbst losmachen und davongehen dürfe, das erscheint mir doch als eine gewichtige Rede und gar nicht leicht durchzusehn. Wie denn auch dieses, o Kebes, mir ganz richtig gesprochen scheint, daß die Götter unsere Hüter, und wir Menschen eine von den Herden der Götter sind. Oder dünkt es dich nicht so? – Allerdings wohl, sagte Kebes. – Also auch du würdest gewiß, wenn ein Stück aus deiner Herde sich selbst tötete, ohne daß du angedeutet hättest, daß du wolltest, es solle sterben, diesem zürnen, und wenn du noch eine Strafe wüßtest, es bestrafen? – Ganz gewiß, sagte er. – Auf diese Weise nun wäre es also wohl nicht unvernünftig, daß man nicht eher sich selbst töten dürfe, bis der Gott irgend eine Notwendigkeit dazu verfügt hat, wie die jetzt uns gewordene? – Dieses freilich, sagte Kebes, scheint ganz billig. Was du jedoch vorher sagtest, daß jeder Philosoph gern werde sterben wollen, dieses, o Sokrates, kommt dann ungereimt heraus; wenn doch, was wir eben sagten, sich richtig so verhält, daß Gott es ist, der unser hütet, und wir zu seiner Herde gehören. Denn daß nicht die Vernünftigsten grade am unwilligsten aus dieser Pflege sich entfernen sollten, wo diejenigen für sie sorgen, welche die besten Versorger sind für alles was ist, die Götter das ist gar nicht zu denken. Denn sie können ja nicht glauben, daß sie sich selbst besser hüten werden wenn sie frei geworden sind; sondern nur ein unvernünftiger Mensch könnte das vielleicht glauben, daß es gut wäre von seinem Herrn zu fliehen, und könnte nicht bedenken, daß man ja von dem Guten nicht fliehen muß, sondern sich soviel möglich daran halten, und daß er also unvernünftigerweise fliehen würde; der Vernünftige aber würde immer streben bei dem zu sein, der besser wäre als er. Und so käme ja wohl o Sokrates, das Gegenteil von dem heraus was eben gesagt ward, den Vernünftigen nämlich ziemte es ungern zu sterben, und nur den Unvernünftigen gern. – Als dies Sokrates ausgehört hatte, schien er mir seine Freude zu haben an des Kebes Eifer in der Sache, und indem er uns ansah, sagte er: Immer spürt doch Kebes irgend Gründe aus und will sich gar nicht leicht überreden lassen von dem, was einer behauptet. – Darauf sagte Simmias: Aber jetzt, o Sokrates, scheint auch mir etwas an dem zu sein, was Kebes vorbringt. Denn weshalb doch sollten wohl wahrhaft weise Männer von besseren Herren, als sie selbst sind, fliehen und ihrer gern los werden? Und zwar scheint mir Kebes mit seiner Rede auf dich zu zielen, daß du es so leicht erträgst uns zu verlassen, und auch jene guten Herrscher, wie du selbst gestehst, die Götter. – Ihr habt Recht, sprach er. Ich denke nämlich, ihr meint, ich solle mich hierüber verteidigen wie vor Gericht. – Allerdings, sagte Simmias. – Wohlan denn, sprach er, laßt mich versuchen, ob ich mich mit besserem Erfolg vor euch verteidigen kann als vor den Richtern. Nämlich, sprach er, o Simmias und Kebes, wenn ich nicht glaubte zuerst zu anderen Göttern zu kommen, die auch weise und gut sind und dann auch zu verstorbenen Menschen, welche besser sind als die hiesigen, so täte ich vielleicht unrecht, nicht unwillig zu sein über den Tod. Nun aber wisset nur, daß ich zu wackeren Männern hoffe zu kommen; und wenn ich auch das nicht so ganz sicher behaupten wollte, doch daß ich zu Göttern komme, die ganz treffliche Herren sind, wisset nur, wenn irgend etwas von dieser Art, will ich dieses gewiß behaupten. So daß ich eben deshalb nicht so unwillig bin, sondern der frohen Hoffnung, daß es etwas gibt für die Verstorbenen und wie man ja schon immer gesagt hat, etwas weit Besseres für die Guten als für die Schlechten. – Wie nun, sagte Simmias? gedenkst du, diese Meinung für dich zu behalten und so von uns zu gehen, oder möchtest du uns auch davon mitteilen? Mich wenigstens dünkt, dies müsse ein gemeines Gut sein auch für uns; und zugleich wird ja eben das deine Verteidigung sein, wenn du uns von dem was du sagst überzeugst. – So will ich es denn versuchen, sprach er. Zuvor aber laßt uns doch von unserem Kriton hören; was es doch ist, was er mir schon lange sagen will? – Was sonst, o Sokrates, sprach Kriton, als daß der, welcher dir den Trank bereiten soll, mir schon lange zuredet, man müsse dir andeuten, doch ja so wenig als möglich zu sprechen. Denn er sagt, durch das Reden erhitze man sich, und das vertrage sich nicht mit dem Trank; wenn aber doch, so hätten die bisweilen zwei- auch dreimal trinken gemußt, die dergleichen getan. – Darauf sagte Sokrates: Ach, laß ihn laufen! Mag er nur seinerseits sich anschicken, mir auch zweimal zu geben, und wenn es nötig wäre, auch dreimal. – Das wußte ich wohl fast vorher, sagte Kriton; aber er ließ mir schon lange keine Ruhe. – Laß ihn, sprach er.

Euch Richtern aber, will ich nun Rede darüber stehen, daß ich mit Grunde der Meinung bin, ein Mann, welcher wahrhaft philosophisch sein Leben vollbracht, müsse getrost sein, wenn er im Begriff ist zu sterben, und der frohen Hoffnung, daß er dort Gutes in vollem Maß erlangen werde, wann er gestorben ist. Wie das nun so sein möge, o Simmias und Kebes, das will ich versuchen euch deutlich zu machen. Nämlich diejenigen, die sich auf rechte Art mit der Philosophie befassen, mögen wohl, ohne daß es freilich die anderen merken, nach gar nichts anderm streben, als nur zu sterben und tot zu sein. Ist nun dieses wahr, so wäre es ja wohl wunderlich, wenn sie ihr ganzes Leben hindurch zwar sich um nichts anders bemühten als um dieses, wenn es nun aber selbst käme, hernach wollten unwillig sein über das, wonach sie so lange gestrebt und sich bemüht haben. – Da lachte Kebes und sagte: Beim Zeus, Sokrates, wiewohl ich jetzt eben nicht im mindesten lachlustig bin, hast du mich doch zu lachen gemacht. Ich denke nämlich, wenn die Leute so dies hörten, würden sie glauben, dies sei ganz vortrefflich gesagt gegen die Philosophen, und würden gewiß gewaltig beistimmen, die bei uns nun gar, es sei so, die Philosophen sehnten sich wirklich zu sterben, und sie ihrerseits wüßten auch, daß sie wohl verdienten, dies zu erlangen. – Da würden sie auch ganz wahr sprechen, o Simmias, das eine ausgenommen, daß sie das recht gut wüßten. Denn weder wissen sie, wie die wahrhaften Philosophen den Tod wünschen, noch wie sie ihn verdienen und was für einen Tod. Laßt uns nun, sprach er, jenen den Abschied geben, zu uns selbst aber sagen, ob wir wohl glauben, daß der Tod etwas sei? – Allerdings fiel Simmias ein. – Und wohl etwas anderes als die Trennung der Seele von dem Leibe? Und daß das heiße tot sein, wenn abgesondert von der Seele der Leib für sich allein ist, und auch die Seele abgesondert von dem Leibe für sich allein ist. Oder sollte wohl der Tod etwas anderes sein als dieses? – Nein, sondern eben dieses. – So bedenke denn, Guter, ob auch dich dasselbe bedünkt wie mich; denn hieraus, glaube ich, werden wir das besser erkennen, wonach wir fragen. Scheint dir, daß es sich für einen philosophischen Mann gehöre, sich Mühe zu geben um die sogenannten Lüste, wie um die am Essen und Trinken? – Nichts weniger wohl, o Sokrates, sprach Simmias. – Oder um die aus dem Geschlechtstriebe? – Keinesweges. – Und die übrige Besorgung des Leibes, glaubst du, daß ein solcher sie groß achte? Wie schöne Kleider und Schuhe und andere Arten von Schmuck des Leibes zu haben, glaubst du, daß er es achte oder verachte, mehr als höchst nötig, ist sich hierum zu kümmern? – Verachten, dünkt mich wenigstens, wird es der wahrhafte Philosoph. – Dünkt dich also nicht überhaupt eines solchen ganze Beschäftigung nicht um den

Leib zu sein, sondern soviel nur möglich von ihm abgekehrt und der Seele zugewendet? – Das dünkt mich. – Also hierin zuerst zeigt sich der Philosoph als ablösend seine Seele von der Gemeinschaft mit dem Leibe vor den übrigen Menschen allen. – Offenbar. – Und die meisten Menschen meinen doch, o Simmias, wem dergleichen nicht süß ist, und wer daran keinen Teil hat, dem lohne es nicht zu leben, sondern ganz nahe sei der am Totsein, der sich um die angenehmen Empfindungen nicht bekümmere, welche durch den Leib kommen. – Du sprichst vollkommen recht. – Wie aber nun mit dem Erwerb der richtigen Einsicht selbst, ist dabei der Leib im Wege oder nicht, wenn ihn jemand bei dem Streben danach zum Gefährten mit aufnimmt? Ich meine so: Gewähren wohl Gesicht und Gehör den Menschen einige Wahrheit? Oder singen uns selbst die Dichter das immer vor, daß wir nichts genau hören noch sehen? Und doch, wenn unter den Wahrnehmungen, die dem Leibe angehören, diese nicht genau sind und sicher: dann die anderen wohl gar nicht; denn alle sind ja wohl schlechter als diese; oder dünken sie dich das nicht? – Freilich, sagte er. – Wann also trifft die Seele die Wahrheit? Denn wenn sie mit dem Leibe versucht etwas zu betrachten, dann offenbar wird sie von diesem hintergangen. – Richtig. – Wird also nicht in dem Denken, wenn irgendwo, ihr etwas von dem Seienden offenbar? – Ja. – Und sie denkt offenbar am besten, wenn nichts von diesem sie trübt, weder Gehör noch Gesicht noch Schmerz und Lust, sondern sie am meisten ganz für sich ist, den Leib gehen läßt, und soviel irgend möglich, ohne Gemeinschaft und Verkehr mit ihm, dem Seienden, nachgeht. – So ist es. – Also auch dabei verachtet des Philosophen Seele am meisten den Leib, flieht von ihm, und sucht für sich allein zu sein? – So scheint es. – Wie nun hiemit, o Simmias. Sagen wir, daß das Gerechte etwas sei oder nichts? – Wir behaupten es ja freilich beim Zeus. – Und nicht auch das Schöne und Gute? – Wie sollte es nicht? – Hast du nun wohl schon jemals hievon das mindeste mit Augen gesehen? – Keinesweges, sprach er. – Oder mit sonst einer Wahrnehmung, die vermittelst des Leibes erfolgt, es getroffen? Ich meine aber alles dieses, Größe, Gesundheit, Stärke und mit einem Worte von allem insgesamt das Wesen was jegliches wirklich ist; wird etwa vermittelst des Leibes hievon das eigentlich Wahre geschaut, oder verhält es sich so: wer von uns am meisten und genauesten es darauf anlegt, jegliches selbst unmittelbar zu denken was er untersucht, der kommt auch am nächsten daran, jegliches zu erkennen? – Allerdings. – Und der kann doch jenes am reinsten ausrichten, der am meisten mit dem Gedanken allein zu jedem geht, ohne weder das Gesicht mit anzuwenden beim Denken, noch irgend einen anderen Sinn mit zuzuziehen bei seinem Nachdenken, sondern sich des reinen Gedankens allein bedienend, auch jegliches rein für sich zu fassen trachtet, soviel möglich geschieden von Augen und Ohren, und um es kurz zu sagen, von dem ganzen

Leibe, der nur verwirrt und die Seele nicht läßt Wahrheit und Einsicht erlangen, wenn er mit dabei ist. Ist es nicht ein solcher, o Simmias, der, wenn irgend einer das Wahre treffen wird? – Über die Maßen hast du Recht, o Sokrates, sprach Simmias. – Ist es nun nicht natürlich, daß durch dieses alles eine solche Meinung bei den wahrhaft Philosophierenden aufkommt, so daß sie auch dergleichen unter sich reden. Es wird uns ja wohl gleichsam ein Fußsteig heraustragen mit der Vernunft in der Untersuchung, weil, so lange wir noch den Leib haben und unsere Seele mit diesem Übel im Gemenge ist, wir nie befriedigend erreichen können, wonach uns verlangt; und dieses, sagen wir doch, sei das Wahre. Denn der Leib macht uns tausenderlei zu schaffen wegen der notwendigen Nahrung, dann auch, wenn uns Krankheiten zustoßen, verhindern uns diese, das Wahre zu erjagen, und auch mit Gelüsten und Begierden, Furcht und mancherlei Schattenbildern und vielen Kindereien erfüllt er uns; so daß recht in Wahrheit, wie man auch zu sagen pflegt, wir um seinetwillen nicht einmal dazu kommen, auch nur irgend etwas richtig einzusehen. Denn auch Kriege und Unruhen und Schlachten erregt uns nichts anders als der Leib und seine Begierden. Denn über den Besitz von Geld und Gut entstehen alle Kriege, und dieses müssen wir haben des Leibes wegen, weil wir seiner Pflege dienstbar sind, und daher fehlt es uns an Muße, der Weisheit nachzutrachten um aller dieser Dinge willen wegen alles dessen. Und endlich noch, wenn er uns auch einmal Muße läßt, und wir uns anschicken etwas zu untersuchen, so fällt er uns wieder bei den Untersuchungen selbst beschwerlich, macht uns Unruhe und Störung und verwirrt uns, daß wir seinetwegen nicht das Wahre sehen können. Sondern es ist uns wirklich ganz klar, daß wenn wir je etwas rein erkennen wollen, wir uns von ihm losmachen und mit der Seele selbst die Dinge selbst schauen müssen. Und dann erst offenbar werden wir haben, was wir begehren, und wessen Liebhaber wir zu sein behaupten, die Weisheit, wenn wir tot sein werden, wie die Rede uns andeutet, so lange wir leben aber nicht. Denn wenn es nicht möglich ist, mit dem Leibe irgend etwas rein zu erkennen, so können wir nur eines von beiden: entweder niemals zum Verständnis gelangen oder nach dem Tode. Denn alsdann wird die Seele für sich allein sein, abgesondert vom Leibe, vorher aber nicht. Und so lange wir leben, werden wir, wie sich zeigt, nur dann dem Erkennen am nächsten sein, wenn wir soviel möglich nichts mit dem Leibe zu schaffen noch gemein haben, was nicht höchst nötig ist, und wenn wir mit seiner Natur uns nicht anfüllen, sondern uns von ihm rein halten, bis der Gott selbst uns befreit. Und so rein der Torheit des Leibes entledigt, werden wir wahrscheinlich mit eben solchen zusammen sein, und durch uns selbst alles Ungetrübte erkennen, und dies ist eben wohl das Wahre. Dem Nichtreinen aber mag Reines zu berühren wohl nicht vergönnt sein. Dergleichen meine ich, o Simmias, werden notwendig alle wahrhaft Wißbegierigen denken und untereinander reden. Oder dünkt dich nicht so? – Auf alle Weise, o Sokrates. – Wenn nun, sprach Sokrates, dieses wahr ist, o Freund, so ist ja große Hoffnung, daß wenn ich dort angekommen bin, wohin ich jetzt gehe, ich dort, wenn irgendwo, zur Genüge dasjenige erlangen werde, worauf alle unsere Bemühungen in dem vergangenen Leben gezielt haben; so daß die mir jetzt aufgetragene Wanderung mit guter Hoffnung anzutreten ist auch für jeden anderen, der nur glauben kann dafür gesorgt zu haben, daß seine Seele rein ist. – Allerdings, sprach Simmias. – Und wird nicht das eben die Reinigung sein, was schon immer in unserer Rede vorgekommen ist, daß man die Seele möglichst vom Leibe absonderen, und sie gewöhne, sich von allen Seiten her aus dem Leibe für sich zu sammeln und zusammenzuziehen, und soviel als möglich, sowohl gegenwärtig, als hernach, für sich allein zu bestehen, befreit wie von Banden, von dem Leibe? – Allerdings, sagte er. – Heißt aber dies nicht Tod, Erlösung und Absonderung der Seele von dem Leibe? – Allerdings, sagte jener. – Und sie zu lösen streben immer am meisten, sagte er, nur allein die wahrhaft Philosophierenden; und eben dies also ist das Geschäft der Philosophen: Befreiung und Absonderung der Seele von dem Leibe; oder nicht? – Offenbar. – Also wäre es ja, wie ich anfänglich sagte, lächerlich, wenn ein Mann, der sich in seinem ganzen Leben darauf eingerichtet hätte, so nahe als möglich an dem Gestorbensein zu leben, hernach, wenn eben dieses kommt, sich ungebärdig stellen wollte? Wäre das nicht lächerlich? – Wie sollte es nicht? – In der Tat also, o Simmias, trachten die richtig Philosophierenden danach, zu sterben, und tot zu sein ist ihnen unter allen Menschen am wenigsten furchtbar. Erwäge es nur so: Wenn sie auf alle Weise mit dem Leibe entzweit sind und begehren, die Seele für sich allein zu haben, geschieht dieses aber, dann sich fürchten und unwillig sein wollten; wäre das nicht die größte Torheit, wenn sie dann nicht mit Freuden dahin gehn wollten, wo sie Hoffnung haben, dasjenige zu erlangen, was sie im Leben liebten; sie liebten aber die Weisheit, und des Zusammenseins mit demjenigen entledigt zu werden, was ihnen zuwider war? Oder sollten nur viele denen menschliche Geliebte und Weiber und Kinder gestorben sind, freiwillig haben in die Unterwelt gehen gewollt, von dieser Hoffnung getrieben, daß sie dort die wiedersehn würden nach denen sie sich sehnten, und mit ihnen umgehn; wer aber die Weisheit wahrhaft liebt und eben diese Hoffnung kräftig aufgefaßt hat, daß er sie nirgend anders nach Wunsch erreichen werde als in der Unterwelt, den sollte es verdrießen zu sterben, und er sollte nicht freudig dorthin gehn? Das muß man ja wohl glauben, Freund, wenn er nur wahrhaft ein Weisheitsliebender ist. Denn gar stark wird ein solcher dieses glauben, daß er nirgend anders die Wahrheit rein antreffen werde als nur dort. Wenn sich aber dies so verhält, wie ich eben sagte, wäre es nicht große Unvernunft, wenn ein solcher den Tod fürchtete? – Gar große, beim Zeus, sagte jener. – Also, sagte er, ist dir auch das wohl ein hinlänglicher Beweis von einem Manne, wenn du ihn unwillig siehst, indem er sterben soll, daß er nicht die Weisheit liebte, sondern den Leib irgendwie; denn wer den liebt, derselbe ist auch geldsüchtig und ehrsüchtig, entweder eines von beiden oder beides. – Vollkommen verhält es sich so, wie du sagst. – Wird nun nicht auch, o Simmias, sagte er, was man Tapferkeit nennt den so Gesinnten vorzüglich zukommen? – Ganz gewiß wohl, antwortete er. – Nicht auch die Besonnenheit, was auch alle Leute Besonnenheit nennen, sich von Begierden nicht fortreißen lassen, sondern sich gleichgültig gegen sie verhalten und sittsam, kommt nicht auch sie denen allein zu, welche den Leib am meisten geringschätzen und in der Liebe zur Weisheit leben? – Notwendig, sagte er. – Denn, fügte jener hinzu, wenn du nur recht betrachten willst die Tapferkeit und Besonnenheit der anderen, so wird sie dir ganz wunderlich vorkommen. – Wie das, o Sokrates? – Du weißt doch, sagte er, daß den Tod die anderen alle unter die großen Übel rechnen. – Allerdings. – Ist es also nicht aus Furcht vor noch größeren Übeln daß die Tapferen unter ihnen den Tod erdulden, wenn sie ihn erdulden? – So ist es. – Also weil sie sich fürchten, und aus Furcht sind alle tapfer, bis auf die, welche die Weisheit lieben. Wiewohl das doch ungereimt ist, daß einer aus Furcht und Feigheit tapfer sein soll. – Freilich wohl. – Und wie die Sittsamen unter ihnen? Hat es mit denen nicht dieselbe Bewandtnis? Aus irgend einer Zügellosigkeit sind sie besonnen, wiewohl wir freilich sagen, dies sei unmöglich, aber doch geht es ihnen wirklich ganz ähnlich bei dieser einfältigen Besonnenheit. Denn aus Besorgnis, einiger Lust beraubt zu werden, und weil sie diese begehren, enthalten sie sich der einen, weil von anderen beherrscht, und wiewohl man das Zügellosigkeit nennt, von Lüsten beherrscht werden, begegnet ihnen doch, daß sie, von Lüsten beherrscht, andere Lüste beherrschen, und dies ist doch dem ganz ähnlich, was eben gesagt wurde: auf gewisse Weise aus Zügellosigkeit besonnen geworden zu sein. – Das leuchtet ein. – O bester Simmias, daß uns also nur nicht dies gar nicht der rechte Tausch ist um Tugend zu erhalten, Lust gegen Lust, und Unlust gegen Unlust, und Furcht gegen Furcht austauschen, und Größeres gegen Kleineres wie Münze; sondern jenes die einzige rechte Münze, gegen die man alles dieses vertauschen muß, die Vernünftigkeit, und nur alles, was mit dieser und für diese verkauft ist und eingekauft, in Wahrheit allein Tapferkeit ist und Besonnenheit und Gerechtigkeit, und überhaupt wahre Tugend nun mit Vernünftigkeit ist, mag nun Lust und Furcht und alles übrige der Art dabei sein oder nicht dabei sein; werden aber diese abgesondert von der Vernünftigkeit, gegen einander umgetauscht, eine solche Tugend dann immer nur ein Schattenbild ist und in der Tat knechtisch, nichts Gesundes und Wahres an sich habend, das Wahre aber gerade Reinigung von dergleichen allem ist, und Besonnenheit und Gerechtigkeit und Tapferkeit und die Vernünftigkeit selbst Reinigungen sind. Und so mögen auch diejenigen, welche uns die Weihen angeordnet haben, gar nicht schlechte Leute sein, sondern schon seit langer Zeit uns andeuten, wenn einer ungeweiht und ungeheiligt in der Unterwelt anlangt, daß der in den Schlamm zu liegen kommt, der Gereinigte aber und Geweihte, wenn er dort angelangt ist, bei den Göttern wohnt. Denn, sagen die, welche mit den Weihen zu tun haben, Thyrsusträger sind viele, doch echte Begeisterte wenig. Diese aber sind, nach meiner Meinung, keine anderen, als die sich auf rechte Weise der Weisheit beflissen haben, deren einer auch ich nach Vermögen im Leben nicht versäumt, sondern mich auf alle Weise bemüht habe zu werden. Ob ich mich aber auf die rechte Weise bemüht und etwas vor mich gebracht, das werden wir, dort angekommen, sicher erfahren, wenn Gott will binnen kurzem, wie mich dünkt. Dieses nun, sprach er, o Simmias und Kebes, ist meine Verteidigung darüber, daß euch zu verlassen und die hiesigen Gebieter mir mit Recht nicht schwer fällt noch mich verdrießt, weil ich dafür halte, auch dort nicht minder vortreffliche Gebieter und Freunde anzutreffen als hier; den meisten aber ist dies unglaublich. Bin ich also für euch überzeugender gewesen in meiner Verteidigung als für die Athenischen Richter, so ist es gut.

Als Sokrates dieses geredet, fiel Kebes ein und sprach: O Sokrates, das andere dünkt mich alles gar schön gesagt, nur das von wegen der Seele findet großen Unglauben bei den Menschen, ob sie nicht, wenn sie vom Leibe getrennt ist, nirgend mehr ist, sondern an jenem Tage umkommt und untergeht, an welchem der Mensch stirbt, und sobald sie von dem Leibe sich trennt und ausfährt wie ein Hauch oder Rauch, auch zerstoben ist und verflogen, und nirgend nichts mehr ist. Denn wäre sie noch wo für sich bestehend und zusammenhaltend, wenn erlöst von diesen Übeln, die du eben beschrieben hast, so wäre ja große und schöne Hoffnung, o Sokrates, daß alles wahr sei was du sagst. Aber dies bedarf vielleicht nicht geringer Überredungsgründe und Beweise, daß die Seele noch ist nach dem Tode des Menschen und noch irgend Kraft und Einsicht hat. – Du sprichst ganz wahr, sagte Sokrates, o Kebes; aber was sollen wir machen? Sollen wir eben das miteinander durchsprechen, ob es wahrscheinlich ist, daß es sich so verhalte oder ob nicht? – Ich mindestens, sagte Kebes, möchte gern hören, was für eine Meinung du hierüber hast. – Wenigstens glaube ich nicht, sprach Sokrates, daß irgend einer der es hört, und wäre es auch ein Komödienschreiber, sagen dürfte, daß ich leeres Geschwätz treibe und Reden führe über ungehörige Dinge. Dünkt es euch nun und sollen wir die Sache in Erwägung ziehn, so laßt uns so betrachten, ob die Seelen nachdem die Menschen gestorben, in der Unterwelt sind, oder ob nicht. Eine alte Rede gibt es nun freilich, die deren wir erwähnt haben, daß, wie sie von hier dorthin gekommen sind, sie auch wieder hieher zurückkehren und wieder geboren werden aus den Toten. Und wenn sich dies so verhält, daß die Lebenden wieder geboren werden aus den Gestorbenen: so sind ja wohl unsere Seelen dort? Denn sie könnten nicht wieder geboren werden, wenn sie nicht wären. Und ein hinreichender Beweis wäre dies daß es so ist, wenn wirklich offenbar würde, daß die Lebenden nirgend anders herkämen als von den Toten. Wenn dies aber nicht so ist, dann bedürften wir eines anderen Grundes. – Gewiß, sagte Kebes. – Betrachte es nur nicht allein an Menschen, fuhr jener fort, wenn du es eher inne werden willst, sondern auch an den Tieren insgesamt und den Pflanzen, und überhaupt an allem was eine Entstehung hat. Laß uns zusehen, ob etwa alles so entsteht, nirgend anders her, als jedes aus seinem Gegenteil, was nur ein solches hat, wie doch das Schöne von dem Häßlichen das Gegenteil ist, und das Gerechte von dem Ungerechten, und ebenso tausend anderes sich verhält. Dieses also laß uns sehen, ob nicht notwendig, was nur ein Entgegengesetztes hat, nirgend anders her selbst entsteht, als aus diesem ihm Entgegengesetzten. So wie, wenn etwas größer wird, muß es doch notwendig aus irgend vorher Kleinergewesenem hernach größer werden? – Ja. – Nicht auch, wenn es kleiner wird, wird es aus vorher Größerem hernach kleiner? – So ist es, sagte er. – Und eben so aus Stärkerem das Schwächere, und aus Langsamerem das Schnellere? – Gewiß. – Und wie? Wenn etwas schlechter wird, nicht aus Besserem? Und wenn gerechter, nicht aus Ungerechterem? – Wie sonst? – Dies also, sprach er, haben wir sicher genug, daß alle Dinge so entstehen, das Entgegengesetzte aus dem Entgegengesetzten. – Freilich. – Und wie? Gibt es nicht auch so etwas dabei, wie zwischen jeglichem Entgegengesetzten, was doch immer zwei sind, auch ein zwiefaches Werden von dem einen zu dem andern, und von diesem wieder zu jenem zurück? Wie zwischen dem Größeren und Kleineren ist Wachstum und Abnahme, und so nennen wir auch das eine Wachsen, das andere Abnehmen. – Ja, sagte er. – Nicht auch Aussondern und Vermischen, Abkühlen und Erwärmen, und so alles, wenn wir auch bisweilen die Worte dazu nicht haben, muß sich doch der Sache nach überall so verhalten, daß eines aus dem anderen entsteht, und daß es ein Werden von jedem zu dem anderen gibt? – Gewiß. – Wie nun, fuhr er fort, ist dem Leben auch etwas entgegengesetzt, wie dem Wachen das Schlafen? – Gewiß, sagte er. – Und was? – Das Totsein, sagte er. – Also entstehen diese auch aus einander, wenn sie entgegengesetzt sind, und es gibt zwischen ihnen zweien ein zwiefaches Werden. – Wie sollte es nicht? – Die Verknüpfungen nun des einen Paares von den ebengenannten Dingen will ich dir aufzeigen, sprach Sokrates, und das dazu gehörige Werden, du aber mir die anderen. Ich sage nämlich, das eine sei Schlafen und das andere Wachen, und aus dem Schlafen werde das Wachen, und aus dem Wachen das Schlafen, und dies Werden beider sei das

Einschlafen und das Aufwachen; habe ich es dir hinlänglich erklärt oder nicht? – Vollkommen. – Sage du mir also nun ebenso von Leben und Tod. Sagst du nicht, dem Leben sei das Totsein entgegengesetzt? – Das sage ich. – Und daß beides aus einander entstehe? – Ja. – Aus dem Lebenden also, was entsteht? – Das Tote, sprach er. – Und was aus dem Toten? – Notwendig, sprach er, muß man eingestehn, das Lebende. – Aus dem Gestorbenen also, o Kebes, entsteht das Lebende und die Lebenden? – So zeigt es sich, sprach er. – Also sind, sprach er, unsere Seelen in der Unterwelt. – So scheint es. – Und nicht wahr, auch von dem Werden, was hiezu gehört, ist das eine deutlich genug? Denn Sterben ist doch deutlich genug, oder nicht? – Freilich, sagte er. – Was wollen wir aber nun machen? sprach er. Wollen wir nicht auch das entgegengesetzte Werden hinzunehmen, sondern soll die Natur von dieser Seite lahm sein? Oder müssen wir nicht notwendig auch ein, dem Sterben entgegengesetztes, Werden annehmen? – Auf alle Weise, sagte er. – Und was für eines? – Das Aufleben. – Also, sprach er, wenn es ein Aufleben gibt, so wäre eben dieses das Werden der Lebenden aus den Toten, das Aufleben? – Freilich. – Also auch auf diese Weise kommt es uns heraus, daß die Lebenden aus den Toten entstanden sind, nicht weniger als die Toten aus den Lebenden. Ist dies nun so, so schien es uns ja ein hinreichender Beweis, daß die Seelen der Verstorbenen wo sein müssen, woher sie wieder lebend werden. – Mich dünkt, o Sokrates, dem eingestandenen gemäß müsse es sich so verhalten. – Siehe nun auch, o Kebes, sprach er, daß wir nichts mit Unrecht eingestanden haben, wie mich dünkt. Denn wenn nicht dem auf die eine Art Gewordenen immer das auf die andere entspräche, und das Werden wie im Kreise herumginge, sondern es ein grade fortschreitendes Werden gäbe, nur aus dem Einen in das Gegenüberstehende, ohne daß dies sich wieder wendete und zum andern zurückkäme, so siehst du wohl, daß am Ende alles einerlei Gestalt haben und in einerlei Zustand sich befinden und aufhören würde zu werden. – Wie meinst du das? fragte er. – Es ist gar nicht schwer, sagte er, zu begreifen was ich meine; sondern wie wenn das Einschlafen zwar wäre, ein Aufwachen aber entspräche ihm nicht, das aus dem Schlafenden würde, so, weißt du wohl, würde am Ende alles beweisen, Endymion sei nur eine Posse und nirgends anzutreffen, weil es auch allem andern ebenso erginge wie ihm, daß es schliefe; und wie wenn alles immer vermischt würde und nicht gesondert, bald jenes Anaxagoreische sich einstellen würde: Alle Dinge zumal. Würde nicht ebenso auch, lieber Kebes, wenn alles zwar stürbe, was am Leben Anteil hat, nachdem es aber gestorben wäre, das Tote immer in dieser Gestalt bliebe und nicht wieder auflebte, ganz notwendig zuletzt alles tot sein und nichts leben? Denn wenn zwar aus dem Andern das Lebende würde, das Lebende aber stürbe: wie wäre denn zu helfen, daß nicht zuletzt alles im Totsein aufginge? – Gar nicht, denke ich, o Sokrates, sagte Kebes, sondern du scheinst mir durchaus richtig zu reden. – Es ist auch, o Kebes, sagte er, wie mich dünkt auf alle Weise so, und nicht etwa überlistet gestehen wir dieses ein, sondern es gibt in der Tat ein Wiederaufleben, und ein Werden der Lebenden aus den Toten, und ein Sein der Seelen der Gestorbenen, und zwar für die Guten ein Bessersein, für die Schlechten aber ein Schlechteres. – Und eben das auch, sprach Kebes einfallend, nach jenem Satz, o Sokrates, wenn er richtig ist, den du oft vorzutragen pflegtest, daß unser Lernen nichts anders ist als Wiedererinnerung, und daß wir deshalb notwendig in einer früheren Zeit gelernt haben müßten, wessen wir uns wiedererinnern, und daß dies unmöglich wäre, wenn unsere Seele nicht schon war, ehe sie in diese menschliche Gestalt kam; so daß auch hiernach die Seele etwas Unsterbliches sein muß. – Aber, o Kebes, sprach Simmias einfallend, welche sind davon die Beweise? Erinnere mich daran, denn in diesem Augenblick besinne ich mich nicht recht darauf. – Nur an den einen schönsten, sagte Kebes, daß, wenn die Menschen gefragt werden und einer sie nur recht zu fragen versteht, sie alles selbst sagen wie es ist, da doch, wenn ihnen keine Erkenntnis einwohnte und richtige Einsicht, sie nicht im Stande sein würden dieses zu tun. Und wenn man sie zu den meßkünstlerischen Figuren führt oder etwas Ähnlichem, so zeigt sich dabei am deutlichsten, daß sich dies so verhält. – Wenn du es aber so nicht glaubst, o Simmias, sagte Sokrates, so sieh zu, ob du uns, wenn du es etwa folgendermaßen betrachtest, beifallen wirst. Du zweifelst nämlich, wie doch das sogenannte Lernen könne Erinnerung sein? – Ich zweifle zwar, sprach Simmias, gerade nicht; nur eben dieses, wovon die Rede ist, ich bedarf erinnert zu werden; und fast schon aus dem, was mir Kebes versucht hat zu sagen, habe ich mich besonnen und glaube es. Nichts desto weniger aber würde ich jetzt gern hören, wie du es vorgetragen hast. – So ich, sprach er: Wir gestehen doch wohl, daß wenn sich einer etwas erinnern soll, er dies vorher schon wissen muß? – Gewiß wohl. – Gestehen wir etwa auch dieses, daß wenn einem Erkenntnis auf folgende Weise kommt, dies Erinnerung sei? Ich meine aber diese Art, wenn jemand irgend etwas sieht oder hört oder anderswie wahrnimmt und er dann nicht nur jenes erkennt, sondern dabei noch ein anderes vorstellt, dessen Erkenntnis nicht dieselbe ist, sondern eine andere, ob wir dann nicht mit Recht sagen, daß er sich dessen erinnere, wovon er so eine Vorstellung bekommen hat? – Wie meinst du das? – So wie dergleichen. Eine ganz andere Vorstellung ist doch die von einem Menschen und die von einer Leier? – Wie sollte sie nicht? – Du weißt aber doch, daß Liebhabern, wenn sie eine Leier sehen, oder ein Kleid, oder sonst etwas was ihr Liebling zu gebrauchen pflegt, es so ergeht: sie erkennen die Leier, und in ihrer Seele nehmen sie zugleich auf das Bild des Knaben, dem die Leier gehört, und das ist nun Erinnerung: so wie auch einer, wenn er den

Simmias sieht, wohl leicht an den Kebes denkt und tausenderlei dergleichen. – Tausenderlei, beim Zeus, sagte Simmias. – Und nicht wahr, sprach er, dergleichen ist nun Erinnerung, vorzüglich wenn es einem bei solchen Dingen begegnet, die ihm, weil sie ihm seit langer Zeit schon nicht vorgekommen und er nicht an sie gedacht, in Vergessenheit geraten waren. – Allerdings, sagte er. – Wie nun, kann man sich auch wohl, wenn man ein gemaltes Pferd sieht oder eine gemalte Leier, eines Menschen dabei erinnern? Und wenn man den Simmias gemalt sieht, sich des Kebes dabei erinnern? – Auch das freilich. – Auch wenn man den Simmias gemalt sieht, sich des Simmias selbst erinnern. – Das kann man freilich, sagte er. – Und nicht wahr, in allen diesen Fällen entsteht uns Erinnerung, das eine Mal aus ähnlichen Dingen, das andere Mal aus unähnlichen. – So entsteht sie. – Aber wenn nun einer bei ähnlichen Dingen sich etwas erinnert, muß ihm nicht auch das noch dazu begegnen, daß er inne wird, ob diese etwas zurückbleiben in der Ähnlichkeit, oder nicht, hinter dem, dessen er sich erinnert? – Notwendig, sagte er. – Wohlan denn, sprach jener, sieh zu ob sich dies so verhält. Wir nennen doch etwas gleich? Ich meine nicht ein Holz dem anderen, oder einen Stein dem anderen, noch irgend etwas dergleichen, sondern außer diesem allen etwas anderes, das gleiche selbst, sagen wir, daß das etwas ist oder nichts? – Etwas, beim Zeus, sprach Simmias, ganz stark. – Erkennen wir auch dieses, was es ist? – Allerdings, sprach er. – Woher nahmen wir aber seine Erkenntnis? Nicht aus dem, was wir eben sagten. Wenn wir Hölzer oder Steine oder irgend andere gleiche Dinge sahen, haben wir nicht bei diesen uns jenes vorgestellt, was doch verschieden ist von diesen? Oder scheint es dir nicht verschieden zu sein? Bedenke es nur auch so: Erscheinen dir nicht gleiche Steine oder Hölzer, ganz dieselben bleibend, bisweilen als gleich und dann wieder nicht? – O ja. – Wie aber, die gleichen Dinge selbst erscheinen dir bisweilen als ungleich; etwa auch die Gleichheit als Ungleichheit? – Nimmermehr wohl, Sokrates. – Also, sprach er, sind jene gleichen Dinge und dieses Gleiche selbst nicht dasselbige. – Offenbar keinesweges, o Sokrates. – Doch aber bei jenen gleichen, verschieden von diesem Gleichen, hast du die Erkenntnis des letzteren vorgestellt oder erhalten? – Vollkommen richtig. – Indem es jenen entweder ähnlich ist oder unähnlich? – Freilich. – Und das macht ja, sprach er, keinen Unterschied. Denn sooft du etwas sehend von dieser Gesichtswahrnehmung aus dir noch ein anderes vorstellst, es sei nun ähnlich oder unähnlich, so ist notwendig dieses Vorstellen eine Erinnerung gewesen. – Allerdings. – Wie aber weiter, sprach er, begegnet uns wohl so etwas bei den gleichen Hölzern und andern, von denen wir eben sprachen? Scheinen sie uns eben so gleich zu sein, wie das Gleiche selbst? Oder fehlt etwas daran, daß sie nicht so sind wie das Gleiche, oder nichts? – Gar viel, sprach er, fehlt daran. – Müssen wir nun nicht gestehen, wenn jemand der etwas sieht, bemerkt, dieses, was ich hier sehe, will zwar sein wie etwas gewisses anderes, es bleibt aber zurück, und vermag nicht so zu sein wie jenes, sondern ist schlechter, daß der welcher dies bemerkt, notwendig jenes vorher kennen muß, dem er sagt, daß das andere zwar gleiche, aber doch dahinter zurückbleibe? – Notwendig. – Und wie? Geht es uns nun so mit den gleichen Dingen und dem Gleichen selbst? – Auf alle Weise. – Notwendig also kennen wir das Gleiche schon vor jener Zeit, als wir zuerst Gleiches erblickend bemerkten, daß alles dergleichen strebe zu sein wie das Gleiche, aber doch dahinter zurückbleibe? – So ist es. – Aber auch das geben wir doch zu, daß wir eben dieses nirgend anders her bemerkt haben, noch im Stande sind zu bemerken, als bei dem Sehen oder Berühren oder irgend einer andern Wahrnehmung, denn diese sind mir alle einerlei. – Sie sind auch einerlei, o Sokrates, für das, wohin unsere Rede will. – Aber doch an den Wahrnehmungen muß man bemerken, daß alles so in den Wahrnehmungen Vorkommende jenem nachstrebt, was das Gleiche ist und daß es dahinter zurückbleibt. Oder wie wollen wir sagen? – So. – Ehe wir also anfingen zu sehen oder zu hören, oder die anderen Sinne zu gebrauchen, mußten wir schon irgendwoher die Erkenntnis bekommen haben des eigentlich Gleichen, was es ist, wenn wir doch das Gleiche in den Wahrnehmungen so auf jenes beziehen sollten, daß dergleichen alles zwar strebt zu sein wie jenes, aber doch immer schlechter ist. – Notwendig nach dem Vorhergesagten, o Sokrates. – Nun aber haben wir doch gleich von unserer Geburt an gesehen, gehört und die anderen Sinne gebraucht? – Freilich. – Und wir mußten, sagen wir, schon ehe dieses geschah, die Erkenntnis des Gleichen bekommen haben? – Ja. – Ehe wir also geboren wurden müssen wir sie, wie sich zeigt, bekommen haben. – So zeigt es sich. – Wenn wir sie also vor unserer Geburt empfangen haben und in ihrem Besitz geboren worden sind, so erkannten wir auch schon, ehe wir wurden und sobald wir da waren, nicht das Gleiche nur und das Größere und Kleinere, sondern alles dieser Art insgesamt. Denn es ist uns ja jetzt nicht eben mehr von dem Gleichen die Rede, als auch von dem Schönen selbst und dem Guten selbst und dem Rechten und Frommen, und wie ich sage von allem, was wir bezeichnen als dies selbst was es ist, in unseren Fragen, wenn wir fragen und in unseren Antworten wenn wir antworten. So daß wir notwendig von diesem allen die Erkenntnisse, schon ehe wir geboren wurden, erhalten haben. – So ist es. – Und daß wir, wenn wir sie nicht immer wieder vergäßen, nachdem wir sie bekommen, auch immer wissen und uns ihrer das ganze Leben hindurch bewußt sein würden. Denn das heißt ja wissen, eine empfangene Erkenntnis besitzen und nicht verloren haben. Oder heißt das nicht vergessen, o Simmias, Verlust einer Erkenntnis? – Auf alle Weise, sagte er, o Sokrates. – Und wenn wir, meine ich, vor unserer Geburt sie besaßen und sie bei der Geburt verloren haben, hernach aber beim Gebrauch unserer Sinne an solchen Gegenständen eben jene Erkenntnisse wieder aufnahmen, die wir einmal schon vorher hatten, ist dann nicht, was wir lernen heißen, das Wiederaufnehmen einer uns schon angehörigen Erkenntnis? Und wenn wir dies wiedererinnern nennen, werden wir es nicht richtig benennen? – Gewiß. – Denn das hatte sich uns doch als möglich gezeigt, daß, wer etwas wahrnimmt, es sei nun durch Gesicht und Gehör, oder irgend einen anderen Sinn, dabei etwas anderes vorstellen könne, was er vergessen hatte und was diesem nahekam als unähnlich oder als ähnlich. Also, wie ich sage, eines von beiden, entweder sind wir dieses wissend geboren worden, und wissen es unser Leben lang alle, oder die, von denen wir sagen, daß sie hernach erst lernen, erinnern sich dessen nur, und das Lernen ist eine Erinnerung. – Wohl gar sehr verhält es sich so, Sokrates. – Welches nun wählst du, o Simmias, daß wir wissend geboren werden, oder daß wir uns hernach dessen erinnern, wovon wir schon vorher eine Erkenntnis gehabt hatten? – So im Augenblick, o Sokrates, weiß ich nicht zu wählen. – Wie aber? Kannst du hier wählen, oder was dünkt dich hievon? Muß ein wissender Mann von dem, was er weiß, Rechenschaft geben können oder nicht? – Ganz notwendig, o Sokrates, sprach er. – Und dünkt dich denn, daß alle Rechenschaft zu geben im Stande sind von dem, was wir eben anführten? – Das wünschte ich wohl, sprach Simmias; aber ich fürchte vielmehr, es möchte uns schon morgen hierzulande keiner mehr gefunden werden, der dies gehörig zu tun vermöchte. – Du meinst also nicht, o Simmias, daß alle dieses wissen? – Keineswegs. – Also erinnern sie sich dessen, was sie einst gelernt hatten. – Notwendig. – Wann aber hatten unsere Seelen die Erkenntnis davon bekommen? Doch wohl nicht seitdem wir als Menschen geboren sind? – Nicht füglich. – Früher also? – Ja. – Also waren, o Simmias, die Seelen, auch ehe sie in menschlicher Gestalt waren, ohne Leiber und hatten Einsicht. – Wenn wir nicht etwa bei der Geburt diese Erkenntnisse empfangen, o Sokrates, denn diese Zeit bleibt uns noch übrig. – Gut, o Freund! Aber in welcher anderen Zeit verlieren wir sie denn? Denn wir haben sie nicht, wenn wir geboren werden, wie wir eben eingestanden. Oder verlieren wir sie in derselben Zeit, in welcher wir sie auch empfangen? Oder weißt du noch eine andere Zeit anzugeben? – Keineswegs, o Sokrates, sondern ich merkte nur nicht, daß ich nichts sagte. – Also verhält es sich nur so, sprach er, o Simmias. Wenn das etwas ist, was wir immer im Munde führen, das Schöne und Gute und jegliches Wesen dieser Art, und wir hierauf alles was uns durch die Sinne kommt beziehen, als auf ein vorher Gehabtes, was wir als das unsrige wieder auffinden, und diese Dinge damit vergleichen, so muß notwendig, ebenso wie dieses ist, so auch unsere Seele sein, auch ehe wir noch geboren worden sind. Wenn aber alles dieses nichts ist, so wäre dann auch diese Rede vergeblich geredet. Verhält es sich wohl so, und ist es die ganz gleiche Notwendigkeit, daß jenes ist und daß auch unsere Seelen sind auch vor unserer Geburt, und daß, wenn jenes nicht dann auch nicht dieses? – Über die Maßen, o Sokrates, sprach Simmias, dünkt es mich dieselbe Notwendigkeit zu sein; und an einen sicheren Ort rettet sich unser Satz, dahin nämlich, daß unsere Seele auf dieselbe Weise ist, ehe wir noch geboren werden, wie jenes alles, wovon du eben sprachest. Denn ich habe gar nichts, was mir so klar wäre als eben dieses, daß alles dergleichen wahrhaft in dem allerhöchsten Sinne ist, das Schöne und das Gute und was du sonst eben anführtest; und mir wenigstens genügt der Beweis vollkommen. – Wie aber dem Kebes, sprach Sokrates. Denn wir müssen auch den Kebes überzeugen. – Gewiß auch ihn, sprach Simmias, wie ich glaube, wiewohl er der hartnäckigste Mensch ist im Unglauben an anderer Reden. Allein davon, glaube ich, ist er nun hinreichend überzeugt, daß ehe wir geboren wurden, unsere Seele war. Ob aber auch, nachdem wir gestorben sind, sie noch sein wird, das scheint auch mir selbst, o Sokrates, noch nicht bewiesen zu sein, sondern es steht noch entgegen, wie auch Kebes eben sagte, jene gemeine Rede, ob nicht indem der Mensch stirbt, die Seele zerstiebt, und auch ihr dieses das Ende des Seins ist. Denn was hindert doch, daß sie zwar anderwärtsher werde und bestehe und sei, auch ehe sie in menschlichen Leib gelangt, daß aber doch, nachdem sie in diesen gelangt ist, wenn sie von ihm getrennt wird, alsdann auch sie selbst endet und untergeht? – Wohl gesprochen, o Simmias, sagte Kebes. Denn es scheint gleichsam die eine Hälfte von dem bewiesen zu sein, was wir brauchen, daß nämlich, ehe wir geboren wurden, unsere Seele war; aber man muß noch dazu beweisen, daß auch, wenn wir tot sind, sie um nichts weniger sein wird als vor unserer Geburt, wenn der Beweis seine Vollendung bekommen soll. – Es ist doch, o Simmias und Kebes, sprach Sokrates, auch jetzt schon bewiesen, wenn ihr diesen Satz zusammenbringen wollt mit jenem, den wir vorher zugestanden hatten, daß nämlich alles Lebende aus dem Gestorbenen entsteht. Denn wenn die Seele ist auch vorher, und wenn sie notwendig, indem sie ins Leben geht und geboren wird, nirgend andersher kommen kann als aus dem Tode und dem Gestorbensein, wie sollte sie denn nicht notwendig, auch nachdem sie gestorben ist, sein, wenn sie doch wiederum geboren werden soll? Bewiesen also ist dies, wie ich sagte, auch jetzt schon. Dennoch scheint ihr, du und Simmias, gern auch diesen Satz noch weiter durcharbeiten zu wollen, und euch zu fürchten wie die Kinder, daß nicht gar buchstäblich der Wind sie, wenn sie aus dem Leibe herausfährt, auseinanderwehe und zerstäube, zumal wenn einer nicht etwa bei Windstille, sondern in recht tüchtigem Sturmwinde stirbt. – Da sagte Kebes lächelnd: So tue denn so als fürchteten wir uns, und versuche uns zu überreden. Lieber jedoch nicht, als ob wir selbst uns fürchteten, aber vielleicht ist auch in uns ein Kind, welches dergleichen fürchtet. Dieses also wollen wir versuchen zu überzeugen, daß es den Tod nicht fürchten müsse wie ein Gespenst. – Dieses müßt ihr, sprach Sokrates, täglich besprechen, bis ihr es herausbannt. – Woher aber, o Sokrates, sprach er, sollen wir einen tüchtigen Besprecher zu solchen Dingen nehmen, nun du doch von uns scheidest? – Hellas ist noch groß, o Kebes, sagte er, und treffliche Männer sind darin, und groß sind auch die Geschlechter der Barbaren, die ihr alle durchsuchen müßt, um einen solchen Besprecher zu finden, ohne weder Geld zu scheuen noch Mühe. Denn es gibt wohl nichts, worauf ihr das Geld besser wenden könntet. Aber auch untereinander müßt ihr euch bemühen, denn ihr möchtet auch wohl nicht leicht wen finden, der dies besser als ihr vermöchte zu tun.

Das soll gewiß geschehen, sprach Kebes, von wo wir aber abgegangen sind, dahin laß uns zurückkehren, wenn es dir recht ist. – Mir gar sehr recht, wie sollte es nicht? – Wohl gesprochen, sagte er. – Also ohngefähr so, sprach Sokrates, müssen wir uns selbst fragen: Welcherlei Dingen kommt es wohl zu dies zu erfahren, das Zerstieben, und für welche muß man also fürchten, daß ihnen dieses begegne, welchen aber kommt es nicht zu und für welche nicht? Dann müssen wir untersuchen, zu welchen von beiden die Seele gehört, und hieraus und dem gemäß entweder Mut fassen oder besorgt sein für unsere Seelen. – Ganz richtig, sagte er. – Und nicht wahr, dem, was man zusammengesetzt hat und was seiner Natur nach zusammengesetzt ist, kommt wohl zu, auf dieselbe Weise aufgelöst zu werden wie es zusammengesetzt worden ist; wenn es aber etwas Unzusammengesetztes gibt, diesem, wenn sonst irgend einem, kommt wohl zu, daß ihm dieses nicht begegne? – Das scheint mir sich so zu verhalten, sprach Kebes. – Und nicht wahr, was sich immer gleich verhält und auf einerlei Weise, davon ist wohl am wahrscheinlichsten, daß es das Unzusammengesetzte sei; was aber bald, sobald anders und nimmer auf gleiche Weise, dieses das Zusammengesetzte? – Mir wenigstens scheint es so. – So gehen wir denn, sprach er, zu dem, wovon wir auch vorher sprachen. Jenes Wesen selbst, welchem wir das eigentliche Sein zuschreiben in unseren Fragen und Antworten, verhält sich dies wohl immer auf gleiche Weise, oder bald so, bald anders? Das Gleiche selbst, das Schöne selbst, und so jegliches, was nur ist selbst, nimmt das wohl jemals auch nur irgend eine Veränderung an? Oder verhält sich nicht jedes dergleichen als ein einartiges Sein an und für sich immer auf gleiche Weise, und nimmt niemals auf keine Weise irgendwie eine Veränderung an? – Auf gleiche Weise, sprach Kebes, und einerlei verhält es sich notwendig, o Sokrates. – Wie aber das viele Schöne, wie Menschen, Pferde, Kleider, oder sonst irgend etwas dergleichen Schönes oder Gleiches oder sonst einem von jenem gleichnamiges, verhalten sich auch diese immer gleich, oder ganz jenem entgegengesetzt, weder mit sich selbst jedes noch unter einander jemals, um es kurz zu sagen, auch nur im mindesten gleich. – Wiederum so, sprach Kebes, scheint mir dieses niemals einerlei sich zu verhalten. – Und diese Dinge, sprach er, kannst du doch anrühren, sehen und mit den anderen Sinnen wahrnehmen; aber zu jenen sich Gleichseienden kannst du doch wohl auf keine Weise irgend anders gelangen, als durch das Denken der Seele selbst, sondern unsichtbar sind diese Dinge und werden nicht gesehen. – Auf alle Weise, sagte er, hast du Recht. – Sollen wir also, sprach er, zwei Arten der Dinge setzen, sichtbar die eine und die andere unsichtbar? – Das wollen wir, sprach er. – Und die unsichtbare, als immer auf gleiche Weise sich verhaltend, die sichtbare aber niemals gleich? – Auch das, sagte er, wollen wir setzen. – Wohlan denn, sprach er, ist nicht von uns selbst das eine Leib und das andere Seele? – Allerdings. – Welcher von jenen beiden Arten nun wollen wir wohl sagen, daß der Leib ähnlicher sei und verwandter? – Das muß ja jedem deutlich sein, dem Sichtbaren. – Wie aber die Seele, ist die unsichtbar oder sichtbar? – Menschen wenigstens ist sie es nicht, o Sokrates, sagte er. – Aber wir sprachen doch von dem Sichtbaren und Unsichtbaren für die Natur der Menschen, oder meinst du für irgend eine andere? – Für die menschliche. – Was sagen wir also von der Seele, daß sie sichtbar sei oder nicht sichtbar? – Nicht sichtbar. – Also unsichtbar. – Ja. – Ähnlicher also als der Leib ist die Seele dem Unsichtbaren, er aber dem Sichtbaren. – Ganz notwendig, o Sokrates. – Und nicht wahr, auch das haben wir schon lange gesagt, daß die

Seele, wenn sie sich des Leibes bedient um etwas zu betrachten, es sei durch das Gesicht oder das Gehör oder irgend einen andern Sinn – denn das heißt vermittelst des Leibes, wenn man vermittelst eines Sinnes etwas betrachtet – dann von dem Leibe gezogen wird zu dem, was sich niemals auf gleiche Weise verhält, und daß sie dann selbst schwankt und irrt und wie trunken taumelt, weil sie ja eben solches berührt. – Das haben wir gesagt. – Wenn sie aber durch sich selbst betrachtet, dann geht sie zu dem reinen immer seienden Unsterblichen und sich stets Gleichen, und als diesem verwandt hält sie sich stets zu ihm, wenn sie für sich selbst ist und es ihr vergönnt wird, und dann hat sie Ruhe von ihrem Irren, und ist auch in Beziehung auf jenes immer sich selbst gleich, weil sie eben solches berührt, und diesen ihren Zustand nennt man eben die Vernünftigkeit. – Auf alle Weise, o Sokrates, sagte er, ist dies schön und wahr gesagt. – Welcher, von beiden Arten also dünkt dich die Seele nach dem Vorherigen und dem jetzt gesagten ähnlicher und verwandter zu sein? – Jeder, sagte er, dünkt mich, o Sokrates, müßte nach dieser Darstellungsweise zugeben, auch der Ungelehrigste, daß doch in allem und jedem die Seele dem sich immer Gleichbleibenden ähnlicher ist als dem nicht solchen. – Und wie der Leib? – Dem anderen. – Betrachte es auch von dieser Seite, daß so lange Leib und Seele zusammen sind, die Natur ihm gebietet zu dienen und sich beherrschen zu lassen, ihr aber zu herrschen und zu regieren, auch hiernach nun, welches von beiden dünkt dich dem Göttlichen ähnlich zu sein und welches dem Sterblichen? Oder dünkt dich nicht das Göttliche so geartet zu sein, daß es herrscht und regiert, das Sterbliche aber, daß es sich beherrschen läßt und dient? – Das dünkt mich. – Welchem gleicht nun die Seele? – Offenbar, o Sokrates, die Seele dem Göttlichen, und der Leib dem Sterblichen. – Sieh nun zu, sprach er, o Kebes, ob aus allem Gesagten uns dieses hervorgeht, daß dem Göttlichen, Unsterblichen, Vernünftigen, Eingestaltigen, Unauflöslichen, und immer einerlei und sich selbst gleich sich Verhaltenden am ähnlichsten ist die Seele, dem Menschlichen und Sterblichen und Unvernünftigen und Vielgestaltigen und Auflöslichen und nie einerlei und sich selbst Gleichbleibenden diesem wiederum der Leib am ähnlichsten ist? Oder wissen wir hiegegen noch etwas anderes zu sagen, lieber Kebes, daß es sich nicht so verhalte? – Wir wissen nichts dergleichen. – Wie nun, wenn sich dieses so verhält, kommt nicht dem Leibe wohl zu, leicht aufgelöst zu werden, der Seele hingegen, ganz und gar unauflöslich zu sein oder wenigstens beinahe so? – Wie sollte es nicht? – Und du bemerkst doch, sprach er, daß wenn der Mensch stirbt, auch seinem Sichtbaren, dem Leibe, der noch im sichtbaren da liegt, den wir Leichnam nennen, und dem es zukommt, aufgelöst zu werden und zu zerfallen und verweht zu werden, nicht gleich etwas hievon widerfährt, sondern er noch eine ganz geraume Zeit so bleibt, und wenn einer bei günstiger Leibesbeschaffenheit stirbt und zu eben solcher Zeit, dann gar lange. Und wenn der Leib zusammengefallen ist und getrocknet, wie sie in Ägypten aufgetrocknet werden, so hält er sich fast undenkliche Zeit. Ja, einige Teile des Leibes, wie Knochen, Sehnen und alle dergleichen, sind wenn er auch schon verfault ist so zu sagen doch fast unsterblich. Oder nicht? – Ja. – Und die Seele also, das Unsichtbare und sich an einen andern eben solchen Ort Begebende, der edel und rein und unsichtbar ist, nämlich in die wahre Geisterwelt zu dem guten und weisen Gott, wohin, wenn Gott will, alsbald auch meine Seele zu gehen hat, diese, die so beschaffen und geartet ist, sollte, wenn sie von dem Leibe getrennt ist, sogleich verwebt und untergegangen sein, wie die meisten Menschen sagen? Daran fehlt wohl viel, ihr lieben Kebes und Simmias! Sondern viel mehr verhält es sich so, wenn sie sich rein losmacht, und nichts von dem Leibe mit sich zieht, weil sie mit gutem Willen nichts mit ihm gemein hatte im Leben, sondern ihn floh und in sich selbst gesammelt blieb und dies immer im Sinn hatte, was nichts anders heißen will, als daß sie recht philosophierte und darauf dachte leicht zu sterben; oder hieß dies nicht auf den Tod bedacht sein? – Allerdings ja. – Also welche sich so verhält, die geht zu dem ihr ähnlichen dem Unsichtbaren und zu dem Göttlichen, Unsterblichen, Vernünftigen, wohin gelangt ihr dann zu Teil wird glückselig zu sein, von Irrtum und Unwissenheit, Furcht und wilder Liebe und allen andern menschlichen Übeln befreit, indem sie, wie es bei den Eingeweihten heißt, wahrhaft die übrige Zeit mit Göttern lebt. Wollen wir so sagen, o Kebes, oder anders? – So, beim Zeus, sprach Kebes. – Wenn sie aber, meine ich, befleckt und unrein von dem Leibe scheidet, weil sie eben immer mit dem Leibe verkehrt und ihn gepflegt und geliebt hat, und von ihm bezaubert gewesen ist und von den Lüsten und Begierden, so daß sie auch glaubte, es sei überall gar nichts anderes wahr als das Körperliche, was man betastet und sieht, ißt und trinkt und zur Liebe gebraucht, und weil sie das für die Augen Dunkle und Unsichtbare, der Vernunft hingegen faßliche und mit Weisheitsliebe zu Ergreifende gewohnt gewesen ist zu hassen und zu scheuen und zu fürchten, meinst du, daß eine so beschaffene Seele sich werde rein für sich absondern können? – Wohl nicht im mindesten, sprach er. – Sondern durchzogen von dem Körperlichen, womit sie durch den Umgang und Verkehr mit dem Leibe, wegen des ununterbrochenen Zusammenseins und der vielen Sorge um ihn, gleichsam zusammengewachsen ist. – Freilich. – Und dies, o Freund, muß man doch glauben, sei unbeholfen und schwerfällig, irdisch und sichtbar, so daß auch die Seele, die es an sich hat, schwerfällig ist und wieder zurückgezogen wird in die sichtbare Gegend aus Furcht vor dem Unsichtbaren und der Geisterwelt, wie man sagt an den Denkmälern und Gräbern umherschleichend, an denen daher auch allerlei dunkle Erscheinungen von Seelen sind gesehen worden, wie denn solche

Seelen wohl Schattenbilder darstellen müssen, welche nicht rein abgelöst sind, sondern noch teilhaben an dem Sichtbaren, weshalb sie denn auch gesehn werden. – Das leuchtet wohl ein, o Sokrates. – Und freilich leuchtet auch ein, o Kebes, daß dies nicht die Seelen der Guten sind, sondern der Schlechten, welche um dergleichen gezwungen sind herumzuirren, Strafe leidend für ihre frühere Lebensweise, welche schlecht war. Und so lange irren sie, bis sie durch die Begierde des sie noch begleitenden körperlichen wieder gebunden werden in einen Leib. Und natürlich werden sie in einen von solchen Sitten gebunden, deren sie sich befleißigt hatten im Leben. – Was meinst du für welche, o Sokrates? – Wie, die sich ohne alle Scheu der Völlerei und des Übermuts und Trunkes befleißigten, solche begeben sich wohl natürlich in Esel und ähnliche Arten von Tieren. Oder meinst du nicht? – Das ist ganz wahrscheinlich. – Die aber Ungerechtigkeit, Herrschsucht und Raub vorzogen, diese dagegen in die verschiedenen Geschlechter der Wölfe, Habichte und Geier? Oder wohin anders sollen wir sagen daß solche gehen? – Ohne weiteres, sprach Kebes, in dergleichen. – Und gewiß so doch auch mit den übrigen, daß jegliche der Ähnlichkeit mit ihren Bestrebungen nachgeht? – Gewiß, wie sollte sie nicht? – Also, sprach er, sind auch wohl die glücklichsten unter diesen die, und kommen an den besten Ort, welche der gemeinen und bürgerlichen Tugend nachgestrebt haben, die man doch auch Besonnenheit und Gerechtigkeit nennt, die aber nur aus Gewöhnung und Übung entsteht ohne Philosophie und Vernunft? – Wie sind diese die Glückseligsten? – Weil doch natürlich ist, daß diese wiederum in eine solche gesellige und zahme Gattung gehen etwa in Bienen oder Wespen oder Ameisen, oder auch wieder in diese menschliche Gattung, und wieder ganz leidliche Männer aus ihnen werden. – Das ist natürlich. – In der Götter Geschlecht aber ist wohl keinem, der nicht philosophiert hat und vollkommen rein abgegangen ist, vergönnt zu gelangen, sondern nur dem Lernbegierigen. Eben deshalb nun, o lieber Simmias und Kebes, enthalten sich die wahrhaften Philosophen aller von dem Leibe herrührenden Begierden und harren aus und geben sich ihnen nicht hin, noch auch nur weil sie Verderb des Hauswesens und Armut fürchten wie die meisten Geldsüchtigen, oder die Ehrlosigkeit und Schmach der Trägheit scheuen wie die Herrschsüchtigen und Ehrsüchtigen, enthalten sie sich ihrer. – Das würde sich auch für sie nicht ziemen, o Sokrates, sprach Kebes. – Freilich nicht, beim Zeus, sagte er. Darum sagen auch allen solchen, o Kebes, jene alle, die irgend für ihre Seele Sorge tragen und nicht für der Leiber Bildung und Bedienung leben, Fahrewohl, und gehen nicht gleichen Schritt mit ihnen, die ja nicht wissen wohin sie gehen. Sie selbst aber, feststellend daß sie nichts tun dürfen was der Philosophie zuwider wäre und der Erlösung und Reinigung durch sie, wenden sich dorthin, jener folgend wie sie führt. – Wie das, o Sokrates? – Das will ich dir sagen, sprach er. Es erkennen nämlich die Lehrbegierigen, daß die Philosophie, indem sie ihre Seele findet, ordentlich gebunden im Leibe und ihm anklebend und gezwungen wie durch ein Gitter durch ihn das Sein zu betrachten, nicht aber für sich allein, und daher in aller Torheit sich umherwälzend, und in dem sie die Gewalt dieses Kerkers erkennt, wie er ordentlich eine Lust ist, so daß der Gebundene selbst am meisten immer mit angreift um gebunden zu werden; wie ich nun sage, die Lehrbegierigen erkennen, daß indem die Philosophie in solcher Beschaffenheit ihre Seele annimmt, sie ihr gelinde zuspricht und versucht, sie zu erlösen, indem sie zeigt, daß alle Betrachtung durch die Augen voll Betrug ist, voll Betrug auch die durch die Ohren und die übrigen Sinne, und deshalb sie überredet, sich von diesen zurückzuziehen, soweit es nicht notwendig ist, sich ihrer zu bedienen, und sie ermuntert, sich vielmehr in sich selbst zu sammeln und zusammenzuhalten; und nichts anderem zu glauben als wiederum sich selbst, was sie für sich selbst von den Dingen an und für sich anschaut; was sie aber vermittelst eines anderen betrachtet, dieses, weil es in jeglichem anderen wieder ein anderes wird, für nichts Wahres zu halten, und solches sei ja eben das Wahrnehmbare und Sichtbare, was sie aber selbst sieht sei das Gedenkbare und Unsichtbare. Dieser Befreiung nun glaubt nicht widerstreben zu dürfen des wahrhaften Philosophen Seele, und enthält sich deshalb der Lust und Begierde, der Unlust und

Furcht soviel sie kann, indem sie bedenkt, daß wenn jemand sehr heftig sich freut oder fürchtet, trauert oder begehrt, er nie ein so großes Übel hievon erleidet als er wohl glaubt, wenn er nun etwa erkrankt ist oder einen Verlust erlitten hat seiner Begierden wegen, was aber das größte und äußerste aller Übel ist, dieses wirklich erleidet und es nicht in Rechnung bringt. – Welches ist doch dieses, o Sokrates? sprach Kebes. – Daß nämlich jedes Menschen Seele, sobald sie über irgend etwas sich heftig erfreut oder betrübt, auch genötigt ist von demjenigen, womit ihr dieses begegnet zu glauben, es sei das Wirksamste und das Wahrste, da sich dies doch nicht so verhält. Und dies sind doch am meisten die sichtbaren Dinge, oder nicht? – Freilich. – In diesem Zustande also wird am meisten die Seele von dem Leibe gebunden. – Wieso? – Weil jegliche Lust und Unlust gleichsam einen Nagel hat und sie an den Leib annagelt und anheftet, und sie leibartig macht, wenn sie doch glaubt, daß das wahr sei, was auch der Leib dafür aussagt. Denn dadurch, daß sie gleiche Meinung hat mit dem Leibe und sich an dem nämlichen erfreut, wird sie, denke ich, genötigt, auch gleicher Sitte und gleicher Nahrung wie er teilhaftig zu werden, so daß sie nimmermehr rein in die Unterwelt kommen kann, sondern immer des Leibes voll von hinnen geht; daher sie auch bald wiederum in einen anderen Leib fällt, und wie hineingesäet sich einwurzelt, und daher unteilhaftig bleibt des Umganges mit dem Göttlichen und Reinen und Eingestaltigen. – Vollkommen wahr ist was du sagst, o Sokrates, sprach Kebes. – Dieser Ursachen wegen also, o Kebes, sind die wahrhaft Lehrbegierigen sittsam und tapfer, und nicht weshalb die Leute sagen. Oder meinst du? – Nein, ich gewiß nicht. – Es geht auch nicht anders, als daß die Seele eines philosophischen Mannes so rechnet und nicht glauben kann, sie müsse sich zwar von der Philosophie erlösen lassen, nachdem diese sie aber erlöset, sich selbst wiederum der Lust und Unlust hingeben, um sich wieder festbinden und die vorige Arbeit vergeblich machen zu lassen, als wolle sie das Gegenstück treiben zu der Penelope Weberei; sondern Ruhe von dem allen sich verschaffend, der Vernunft folgend und immer darin verharrend, daß sie das Wahre und Göttliche und der Meinung nicht Unterworfene anschaut und sich davon nährt, glaubt sie, so lange sie lebt, so leben zu müssen, nach dem Tode aber zu dem Verwandten und eben solchen gelangt von allen menschlichen Übeln erlöst zu werden. Hat sie sich so genährt, so ist wohl kein Wunder, wenn sie nicht fürchtet, ob sie nicht doch nach solchen Bestrebungen bei der Trennung von dem Leibe zerrissen, von ich weiß nicht welchen Winden verweht und zerstäubt umkommen und nirgend mehr sein werde.

Eine Stille entstand nun, nachdem Sokrates dieses gesagt, auf lange Zeit, und er selbst, Sokrates, war ganz in das Vorgetragene vertieft, wie man ihm ansehn konnte, und auch die meisten von uns. Kebes und Simmias aber sprachen ein weniges miteinander.

Da sah sie Sokrates an, und fragte: Wie? Euch dünkt doch nicht etwa das Gesagte noch mangelhaft gesagt zu sein? Denn es gibt wohl noch viel Bedenken und Einwendungen dabei, wenn einer es ganz genau durchnehmen will. Hattet ihr nun etwas anderes untereinander, so will ich nichts gesagt haben; wenn ihr aber noch hierüber zweifeltet, so tragt nur ja kein Bedenken, es entweder allein zu sagen und anzuführen, wenn ihr glaubt, daß es so besser werde vorgetragen werden, oder auch mich mit dazu zu nehmen, wenn ihr meinet mit mir besser zu fahren. – Da sagte Simmias: Ich will dir die Wahrheit sagen, Sokrates. Wir beide haben schon lange zweifelnd einander angestoßen und aufgemuntert, zu fragen, weil wir zwar gern hören möchten, aber doch Bedenken tragen, dir Unruhe zu machen, daß es dir nicht etwa zuwider wäre bei dem jetzigen Unglück. – Als er dies hörte, sagte er mit sanftem Lächeln: O weh, Simmias! Wahrlich gar schwer werde ich die übrigen Menschen überzeugen, daß ich das jetzige Geschick für kein Unglück halte, da ich nicht einmal euch überzeugen kann, sondern ihr fürchtet, ich möchte jetzt unbequemer sein als sonst im Leben. Und wie es scheint, haltet ihr mich in der Wahrsagung für schlechter als die Schwäne, welche, wenn sie merken, daß sie sterben sollen, wie sie schon sonst immer gesungen haben, dann am meisten und vorzüglich singen, weil sie sich freuen, daß sie zu dem Gotte gehen sollen, dessen Diener sie sind. Die Menschen aber, wegen ihrer eigenen Furcht vor dem Tode lügen auch auf die Schwäne und sagen, daß sie über den Tod jammernd aus Traurigkeit sängen, ohne zu bedenken, daß kein Vogel singt, wenn ihn hungert oder friert oder ihm sonst irgend etwas fehlt, auch nicht einmal die Nachtigall selbst, oder die Schwalbe und der Wiedehopf, von denen sie sagen, daß sie aus Unlust klagend singen; aber weder diese, glaube ich, singen aus Traurigkeit noch die Schwäne; sondern weil sie, meine ich, dem Apollon angehören, sind sie wahrsagerisch; und da sie das Gute in der Unterwelt voraus erkennen, so singen sie und sind fröhlich an jenem Tage, ausgezeichnet und mehr als sonst vorher. Ich halte aber auch mich dafür, ein Dienerschaftsgenoß der Schwäne zu sein, und demselben Gotte heilig, und nicht schlechter als sie das Wahrsagen zu haben von meinem Gebieter, also auch nicht unmutiger als sie aus dem Leben zu scheiden. Also deshalb mögt ihr immer sagen und fragen was ihr wollt, so lange die elf Männer der Athener es gestatten. – Sehr schön, sagte Simmias; also will ich dir sagen, was für Zweifel ich habe, und dann auch dieser, wiefern er das Gesagte nicht annimmt. Denn ich denke über diese Dinge, o Sokrates, ohngefähr wie du, daß etwas Sicheres davon zu wissen in diesem Leben entweder unmöglich ist oder doch gar schwer; aber was darüber gesagt wird nicht auf alle Weise zu prüfen, ohne eher abzulassen bis einer ganz ermüdet wäre vom Untersuchen nach allen Seiten, einen gar weichlichen Menschen verrät. Denn eines muß man doch in diesen Dingen erreichen, entweder wie es damit steht lernen oder erfinden, oder wenn dies unmöglich ist, die beste und unwiderleglichste der menschlichen Meinungen darüber nehmen, und darauf wie auf einem Brette versuchen, durch das Leben zu schwimmen, wenn einer nicht sicherer und gefahrloser kann auf einem festeren Fahrzeuge oder einer göttlichen Rede reisen. So will denn auch ich jetzt mich nicht schämen zu fragen, da ja auch du dasselbe sagst, und nicht hernach mir selbst Vorwürfe zu machen haben, daß ich jetzt nicht gesagt habe, was ich denke. Mir nämlich, o Sokrates, sowohl wenn ich bei mir selbst als wenn ich mit diesem das Gesagte betrachte, erscheint es gar nicht gründlich genug. – Darauf sagte Sokrates: Vielleicht, o Freund, erscheint es dir ganz recht; aber sage nur, wiefern nicht gründlich. – Insofern, sprach er, als auch von der Stimmung und der Leier und den Saiten einer ganz auf dieselbe Weise reden könnte, daß nämlich die Stimmung etwas Unsichtbares und Unkörperliches und gar Schönes und Göttliches ist an der gestimmten Leier, die Leier selbst aber und die Saiten Körper sind und Körperliches und zusammengesetzt und irdisch und dem Sterblichen verwandt. Wenn nun einer die Leier zerbräche oder die Saiten zerschnitte oder zerrisse, so könnte einer mit derselben Rede wie du durchführen, jene Stimmung müsse notwendig noch da sein und nicht untergegangen. Denn es wäre doch keine Möglichkeit, daß die Leier noch da sein sollte, nachdem die Saiten zerrissen wären, und die Saiten selbst, die doch dem Sterblichen ähnlich sind, die Stimmung aber sollte untergegangen sein, die doch dem Göttlichen und Unsterblichen gleichartig und verwandt ist, und zwar noch vor dem Sterblichen; sondern, würde er sagen, notwendig muß die Stimmung noch irgendwo sein, und eher werden die Hölzer verfaulen und die Saiten, als jener etwas begegnen wird. Nun aber glaube ich, o Sokrates, du selbst wirst auch dies schon erwogen haben, daß wir uns die Seele als so etwas vorzüglich vorstellen, wenn doch unser Leib eingespannt ist und zusammengehalten von Warmem und Kaltem, Trocknem und Feuchtem und dergleichen Dingen, daß unsere Seele die Mischung und Stimmung eben dieser Dinge sei, wenn sie schön und im rechten Verhältnis gegen einander gemischt sind. Ist nun die Seele eine Stimmung, so ist offenbar, daß wenn unser Leib unverhältnismäßig erschlafft oder angespannt wird von Krankheiten und anderen Übeln, die Seele dann notwendig sogleich umkommt, obgleich sie das Göttlichste ist, eben wie alle anderen Stimmungen in Tönen und in allen Werken der Künstler, die Überreste eines jeden Leibes aber noch lange Zeit bleiben, bis sie verbrannt werden oder verwesen. Sieh nun zu, was wir gegen diese Rede sagen wollen, wenn jemand behauptet, daß die Seele als die Mischung alles zum Leibe gehörigen in dem, was wir Tod nennen, zuerst untergehe. – Da sah sich Sokrates um, wie er oftmals tat, und sagte lächelnd: Simmias hat ganz recht gesprochen. Wenn nun einer besseren Rat weiß als ich, warum antwortet er nicht?

Denn er hat die Sache gewiß gar nicht schlecht angegriffen. Doch mich dünkt, ehe wir antworten, müssen wir erst auch den Kebes hören, was der wieder unserer Rede Schuld gibt, damit wir Zeit gewinnen und uns beraten können, was wir sagen wollen, und dann, wenn wir ausgehört haben, ihnen entweder einräumen, wenn sie etwas Ordentliches scheinen angestimmt zu haben, oder wenn nicht, dann schon unsere Rede verfechten. Also, sagte er, sprich, o Kebes, was denn dich beunruhigt hat, daß du nicht glauben kannst. – Ich will es also sagen, sprach Kebes. Mir scheint nämlich unsere Rede noch immer auf demselben Fleck zu sein und an demselben Mangel, dessen wir schon vorher erwähnten, auch jetzt noch zu leiden. Denn, daß unsere Seele schon war, ehe sie in diese Gestalt kam, das will ich nicht zurücknehmen, daß es nicht sehr artig, und wenn es nicht anmaßend ist zu sagen, ganz befriedigend bewiesen wäre; daß sie aber auch noch, wenn wir tot sind irgendwo sei, dies scheint mir nicht eben so. Daß freilich die Seele nicht stärker und dauerhafter sein sollte als der Leib, dies gebe ich der Einwendung des Simmias nicht nach, denn in diesem allen scheint sie mir sich gar weit zu unterscheiden. Warum also, könnte die Rede wohl sagen, bist du noch ungläubig, wenn du doch siehst, daß nach des Menschen Tode das Schwächere noch ist? Dünkt dich dann nicht, daß das dauerhaftere sich gewiß noch erhalten müsse in eben dieser Zeit? Dagegen nun überlege, ob ich hiermit etwas sage. Denn eines

Bildes bedarf ich freilich auch, wie es scheint, eben so gut als Simmias. Mich dünkt nämlich dies gerade eben so gesagt, wie wenn jemand, wenn ein alter Mann der ein Weber war gestorben wäre, diese Rede führen wollte. Der Mensch ist nicht umgekommen, sondern ist gewiß noch irgendwo, und zum Beweise dafür wollte er das Kleid anführen, was er anhatte und selbst gewebt hatte, daß das doch noch wohlbehalten wäre und nicht umgekommen; und wenn ihm einer nicht glauben wollte, er diesen dann fragte, was wohl seiner Natur nach dauerhafter wäre, ein Mensch oder ein Kleid, wenn es nämlich im Gebrauch wäre und getragen würde, und wenn der dann antworten müßte, der Mensch bei weitem, jener dann glaubte bewiesen zu haben, der Mensch also müsse wohl ganz gewiß wohlbehalten sein, da ja das Vergänglichere nicht untergegangen wäre. Ich denke aber, o Simmias, das verhält sich nicht so. Sieh aber auch du zu, was ich meine. Denn jeder würde wohl der Meinung sein, daß das einfältig gesagt wäre, wenn es jemand sagen wollte. Denn dieser Weber hat schon gar viele solche Kleider verbraucht und gewebt, und ist zwar später umgekommen als jene vielen, aber als das letzte denke ich doch eher, und deshalb ist doch wohl ein Mensch immer nicht schlechter oder vergänglicher als ein Kleid. Und dieses selbige Bild, meine ich, läßt sich anwenden auf Seele und Leib; und wer eben dasselbige sagte von diesen, würde mir scheinen verständig zu reden, daß nämlich die Seele zwar dauerhafter ist, und der Leib schwächer und vergänglicher, doch aber, würde er hinzu setzen, verbrauche ja jede Seele viele Leiber, zumal wenn sie viele Jahre lebe. Denn wenn der Leib immer im Muß ist und vergeht, so lange der Mensch lebt, die Seele aber das Verbrauchte immer wieder webt, so muß ja die Seele wohl, wenn sie umkommt, diese ihre letzte Bekleidung noch haben, und eher freilich nur als diese einzige umkommen, und erst wenn die Seele umgekommen ist, kann dann der Leib die Natur seiner Schwachheit beweisen, indem er schnell durch Fäulnis vergeht. So daß man also diesem Satz noch nicht zuverlässig trauen darf, daß wenn wir tot sind, unsere Seele noch irgendwo ist. Denn wenn jemand auch dem, der deine Behauptung vorträgt, noch mehr einräumen wollte, und zugeben, unsere Seele sei nicht nur in der Zeit vor unserer Geburt gewesen, sondern es hindere auch nichts, daß nicht auch nach dem Tode einiger Seelen noch wären und sein würden, und noch oft würden geboren werden und wieder sterben, denn so stark sei sie von Natur, daß sie dieses gar vielmal aushalten könne; nur aber, indem er dieses zugäbe, nicht auch noch jenes einräumte, daß sie in diesen vielen Geburten gar nicht von Kräften komme, und auch am Ende nicht in einem von diesen Toden gänzlich untergehe, sondern sagte: Diesen Tod aber und diese Auflösung des Leibes, welche der Seele den Untergang bringt, wisse nur keiner, denn es sei unmöglich, daß irgend einer von uns ihn fühle; wenn sich nun dieses so verhält, so kann doch von keinem der über den Tod guten Mutes ist, gesagt werden, daß er nicht auf eine unverständige Weise mutig sei, wenn er nicht zu beweisen vermag, daß die Seele ganz und gar unsterblich und unvergänglich ist; wo nicht, so muß jeder, der im Begriff ist zu sterben, für seine eigene Seele in Sorgen sein, ob sie nicht gerade in dieser Trennung von dem Leibe ganz und gar untergehen werde.

Alle nun, als wir sie beide dieses hatten sagen gehört, waren wir, wie wir uns hernach gestanden, auf unangenehme Weise verstimmt, weil sie uns, die wir durch die vorigen Reden stark überzeugt waren, wieder unruhig zu machen und in Ungewißheit zurückzuwerfen schienen, nicht nur über das bereits Gesagte, sondern auch wegen dessen, was nun noch würde gesagt werden, ob nicht wir ganz untaugliche Richter wären, oder auch die Sache selbst gar nicht zu entscheiden.

Echekrates: Bei den Göttern, o Phaidon, ich verzeihe euch das. Denn auch ich, da ich dies jetzt von dir gehört, habe so zu mir gesprochen. Welcher Rede soll man nun wohl noch glauben, denn die so sehr glaubliche, welche Sokrates vorgetragen, ist nun doch um allen Glauben gekommen. Denn gar wunderbar ergreift mich dieser Satz schon jetzt und immer, daß unsere Seele eine Stimmung ist; und wie er jetzt ausgesagt worden, hat er mir in Erinnerung gebracht, daß auch mir das vorher schon so gedäucht hatte. Und so bedarf ich nun wieder wie anfangs einer anderen Rede, um mich zu überzeugen, daß mit dem Sterbenden die Seele nicht mitstirbt. Sage nun, beim Zeus, wie Sokrates dieses verfolgt hat, und ob auch ihm, wie du von euch sagst, etwas Verdrießliches anzumerken war oder nicht, sondern er seinen Satz ruhig verteidigte, und ob er es befriedigend getan hat oder unzureichend. Dies alles berichte uns so genau als möglich.

Phaidon: Gewiß, o Echekrates, wie oft ich auch schon den Sokrates bewundert hatte, nie doch war ich mehr von ihm eingenommen, als damals. Denn daß er etwas zu erwidern wußte, ist wohl nichts Besonderes; aber ich bewunderte ihn zuerst vorzüglich darüber, wie freundlich und sanft und beifällig er die Reden der jungen Männer aufnahm, dann wie scharf er bemerkte, was sie auf uns gewirkt hatten, und wie gut er uns heilte und gleichsam wie Flüchtlinge und Geschlagene zurückrief und uns zusprach, ihm zu folgen und die Rede mit ihm zu erwägen.

Echekrates: Wie also?

Phaidon: Das will ich dir sagen. Ich saß nämlich zu seiner Rechten neben dem Bett auf einem Bänkchen, er aber saß weit höher als ich. Nun strich er mir über den Kopf, faßte die Haare im Nacken zusammen, denn er pflegte wohl oft in meinen Haaren zu spielen, und sagte: Morgen also, o Phaidon, wirst du wohl diese schönen Locken abscheren? – So sieht es wohl aus, o Sokrates, sprach ich. – Nicht doch, wenn du mir folgst. – Was denn? fragte ich. – Heute noch, sagte er, wollen wir, ich meine und du diese abscheren, wenn uns nämlich die Rede stirbt, und wir sie nicht wieder ins Leben rufen können. Und wenn ich du wäre und mir diese Rede abhanden käme, wollte ich, wie die Argeier, einen Eid darauf ablegen, nicht eher das Haar wachsen zu lassen, bis ich in ehrlichem Kampf die Rede des Simmias und Kebes besiegt hätte. – Aber, sagte ich, mit zweien kann es ja auch Herakles nicht aufnehmen. – So rufe denn mich herbei, sprach er, als deinen Jolaos, so lange es noch Tag ist. – Das tue ich denn, sagte ich, aber nicht als Herakles, sondern wie Jolaos den Herakles. – Das ist gleichviel, sagte er. Aber daß wir uns ja zuerst hüten, daß uns nicht etwas Gewisses begegne. – Was doch? fragte ich. – Daß wir ja nicht Redefeinde werden, sprach er, wie andere wohl Menschenfeinde. Denn unmöglich, sagte er, kann einem etwas Ärgeres begegnen, als wenn er Reden haßt. Und die Redefeindschaft entsteht ganz auf dieselbe Weise wie die Menschenfeindschaft. Nämlich die Menschenfeindschaft entsteht, wenn man einem auf kunstlose Weise zu sehr vertraut, und einen Menschen für durchaus wahr, gesund und zuverlässig gehalten hat, bald darauf aber denselbigen als schlecht und unzuverlässig erfindet, und dann wieder einen, und wenn einem das öfter begegnet, und bei solchen, die man für die vertrautesten und besten Freunde hält, so haßt man denn endlich, wenn man immer wieder anstößt, alle und glaubt, daß nirgend an keinem irgend etwas Gesundes ist. Oder hast du nicht bemerkt, daß das so zu gehen pflegt? – Jawohl, sagte ich. – Ist das nun nicht, sprach er, schändlich, und ist nicht offenbar, daß ein solcher sich ohne die Kunst, die sich auf

Menschen versteht, an den Umgang mit den Menschen wagt? Denn wenn er dieser Kunst gemäß mit ihnen umginge, so würde er, wie es sich in der Tat verhält, so auch glauben, daß es der sehr Guten und sehr Schlechten beider immer nur wenige gibt, der Mittelmäßigen aber am meisten. – Wie meinst du das? sprach ich. – Gerade, sagte er, wie mit dem sehr Großen und sehr Kleinen; glaubst du, daß es etwas Selteneres gibt, als einen ganz ausgezeichnet großen oder ausgezeichnet kleinen Menschen oder Hund oder sonst etwas zu finden? Und eben so mit schnell und langsam, häßlich und schön, weiß und schwarz? Oder hast du nicht gemerkt, daß von alle dem das Äußerste selten vorkommt und wenig, das Mittlere aber unendlich häufig? – Freilich, sprach ich. – Und meinst du nicht, sagte er, wenn ein Wettstreit der Schlechtigkeit angestellt würde, daß auch da nur sehr wenige sich als die ersten zeigen würden? – Natürlich, sagte ich. – Freilich natürlich, sprach er, aber darin sind eigentlich die Reden nicht den Menschen ähnlich, sondern nur weil du führtest, bin ich dir hieher gefolgt, wohl aber darin, daß wenn jemand einer Rede getraut hat, daß sie wahr sei, ohne die Kunst, welche sich auf Reden versteht, und sie ihm dann bald darauf wieder falsch vorkommt, manchmal mit Recht, manchmal mit Unrecht, und so wieder eine und eine andere, und vorzüglich gilt das, wie du wohl weißt, von denen, die sich mit Streitreden abgeben, daß sie am Ende glauben ganz weise geworden und allein zu der Einsicht gelangt zu sein, daß nicht nur an keinem Dinge irgend etwas Gesundes und Richtiges ist, sondern auch an den Reden nicht, vielmehr alles sich ordentlich wie im Euripos von oben nach unten dreht, und keine Zeit lang bei etwas bleibt. – Vollkommen richtig, sprach ich, redest du. – Und, o Phaidon, wäre das nun nicht ein Jammer, wenn es doch wirklich wahre und sichere Reden gäbe und die man auch einsehen könnte, wenn einer, weil er auf solche Reden stößt, die ihm bald wahr zu sein scheinen bald wieder nicht, sich selbst nicht die Schuld geben wollte und seiner Kunstlosigkeit, sondern am Ende aus Mißmut die Schuld gern von sich selbst auf die Reden hinwälzte und dann sein übriges Leben in Haß und Schmähungen gegen alle Reden hinbrächte und so der Wahrheit und Erkenntnis der Dinge verlustig ginge? – Beim Zeus, sagte ich, ein großer Jammer. – So laß uns denn, sprach er, zuerst dafür uns hüten und dem in unserer Seele keinen Eingang verstatten, als ob an allen Reden am Ende wohl gar nichts Tüchtiges wäre; sondern vielmehr, daß wir nur noch nicht recht tüchtig sind, aber tapfer sein und trachten müssen tüchtig zu werden, du und die übrigen des ganzen künftigen Lebens wegen, ich aber eben des Todes wegen. So daß ich vielleicht gar jetzt nicht sonderlich philosophisch mich in dieser Sache verhalte, sondern wie die ganz Ungebildeten rechthaberisch. Denn auch diese, wenn sie über etwas streiten, kümmern sich nicht darum, wie sich das wohl eigentlich verhält wovon die Rede ist, sondern nur daß den Anwesenden das annehmlich erscheine, was sie selbst festgestellt haben, danach trachten sie. Und ich scheine gegenwärtig nur soviel mich von ihnen zu unterscheiden, daß ich nicht danach trachten will, daß den Anwesenden, das was ich behaupte wahr erscheine, außer beiläufig, sondern daß es mir selbst nur recht gewiß sich so zu verhalten scheine. Ich berechne nämlich, lieber Freund, und siehe nur wie eigennützig, wenn das wahr ist, was ich behaupte, ist es doch vortrefflich, davon überzeugt zu sein; wenn es aber für die Toten nichts mehr gibt, werde ich doch wenigstens diese Zeit noch vor dem Tode den Anwesenden weniger unangenehm sein durch Klagen; dieser mein Irrtum aber dauert nicht mit aus, denn das wäre ein Übel, sondern wird in kurzem untergehen. So gerüstet also, sprach er, o Simmias und Kebes, mache ich mich an die Rede. Ihr aber, wenn ihr mir folgen wollt, kümmert euch wenig um den Sokrates, sondern weit mehr um die Wahrheit; und wenn ich euch dünke etwas Richtiges zu sagen, so stimmt mir bei, wenn aber nicht, so widerstrebt mir auf alle Weise, damit ich nicht, im Eifer mich und euch zugleich betrügend, euch wie eine Biene den Stachel zurücklassend davon gehe.

Wohlan denn, fuhr er fort, erinnert mich zuerst was ihr sagtet, wenn ihr vielleicht findet, daß ich es nicht recht behalten habe. Simmias, denke ich, ist ungewiß, und fürchtet, die Seele möchte, obwohl etwas Göttlicheres und Schöneres als der Leib, doch vor ihm untergehen, indem sie ihrer Natur nach eine Stimmung sei. Kebes aber schien dieses zwar mir zu-

zugeben, daß die Seele ja dauerhafter sei als der Leib, aber das könne doch niemand wissen, ob nicht die Seele, wenn sie nun viele Leiber oft verbraucht hat, den letzten Leib doch zurückläßt und nun selbst umkommt und dieses dann eben der Tod ist, der Untergang der Seele, denn der Leib geht ja doch immer unter ohne Aufhören. Ist es dieses, o Simmias und Kebes, was wir jetzt zu betrachten haben? Sie gaben beide zu, dieses sei es. – Und die vorigen Reden, sprach er, nehmt ihr die alle nicht an, oder einige zwar, andere aber nicht? – Einige, sprachen sie, andere aber nicht. – Was sagt ihr also von jener Rede, sprach er, in welcher wir behaupteten, alles Lernen sei Erinnerung, und wenn sich dies so verhalte, müsse notwendig unsere Seele anderswo vorher sein, ehe sie an den Leib gebunden worden? – Ich meines Teils, sprach Kebes, war damals wunderbar überzeugt davon und bleibe auch jetzt dabei wie bei nichts anderem. – Und mir, sagte Simmias, geht es ebenso, und es sollte mich wundern, wenn ich jemals hierüber anders dächte. – Aber du mußt doch anders denken, o thebischer Freund, sprach Sokrates, wenn nämlich jene Meinung bestehen soll, daß eine Stimmung ein zusammengesetztes Ding ist, und daß die Seele als eine Stimmung aus dem, was in dem Leibe unter sich gespannt ist, bestehe. Denn du wirst doch nicht sagen wollen, die Stimmung sei eher vorhanden als dasjenige da ist, woraus sie hervorgehen muß, oder willst du das? – Keineswegs, o Sokrates, sagte er. – Merkst du nun aber wohl, sagte er, daß dir dieses herauskommt, wenn du sagst, die Seele sei eher als sie in menschliche Gestalt und Leib komme, sie sei aber zusammengesetzt aus dem, was dann noch nicht ist? Die Stimmung wenigstens ist nicht so, der du sie vergleichst; sondern die Leier und die Saiten und die Töne sind vorher ungestimmt da, und zuletzt von allen entsteht die Stimmung und geht zuerst wieder unter. Wie kann dir nun diese Rede mit jener zusammenstimmen? – Gar nicht, sprach Simmias. – Und doch, sprach er, sollte ja wohl, wenn irgend eine Rede die von der Stimmung gut zusammenstimmen. – Das sollte sie wohl, sagte Simmias. – Diese aber, sagte er, stimmt dir doch nicht; also sieh zu, welche von beiden du wählen willst, die daß das Lernen Erinnerung ist, oder die, daß die Seele Stimmung ist? – Viel lieber jene, o Sokrates, sagte er. Denn diese letztere ist mir ohne allen Beweis gekommen nur aus einer gewissen Wahrscheinlichkeit und Angemessenheit, woher auch die meisten Menschen zu ihren Meinungen kommen; ich weiß aber, daß die Reden, die sich nur durch einen solchen Schein bewähren, leere Prahler sind und wenn man sich nicht wohl mit ihnen vorsieht, einen gar leicht betrügen, in der Meßkunst und in allem anderen. Jene Rede aber von dem Lernen und der Erinnerung beruht auf einem annehmungswürdigen Grunde; denn es war gesagt worden, daß unsere Seele auch, ehe sie in den Leib komme, eben so sei wie jenes Wesen ihr eignet, welches den Beinamen führt dessen was ist. Und dieses habe ich, wie ich mich selbst überzeuge, ganz mit Recht und mit gutem Grunde angenommen. Daher ist nun notwendig, wie ich sehe, daß ich es weder mir noch einem anderen gelten lasse, welcher sagt, die Seele sei eine Stimmung. – Und was, sprach er, o Simmias, sagst du hiezu? Scheint dir wohl der Stimmung oder irgend einer andern Zusammensetzung zuzukommen, daß sie sich anders verhalten könne, wie jenes, woraus sie besteht? – Keinesweges. – Auch nicht irgend etwas anderes tun, wie ich denke, oder leiden außer dem, was jenes tut und leidet? – Er stimmte ein. – Also kommt auch wohl der Stimmung nicht zu, das anzuführen, woraus sie zusammengesetzt ist, sondern zu folgen? – Das dünkte ihn auch so. – Weit gefehlt also, daß die Stimmung entgegengesetzt sich bewegen oder klingen oder sonst wie entgegengesetzt sein könnte ihren Teilen. – Weit gefehlt, sagte er. – Und wie, ist nicht ihrer Natur nach jede Stimmung gerade so Stimmung wie sie gestimmt ist? – Das verstehe ich nicht, sagte er. – Nicht, sagte er, wenn sie besser gestimmt ist oder in höherem Grade, falls dieses geschehen kann, wird sie dann nicht auch mehr Stimmung sein und in höherem Grade? Wenn aber in geringerem und weniger, dann auch nicht so sehr und weniger? – Freilich. – Findet nun das wohl auch bei der Seele statt, daß eine Seele auch nur im allergeringsten mehr und in höherem Grade oder weniger und in geringerem als die andere eben dieses, Seele, sein kann? – Nicht im mindesten, sagte er. – Wohlan denn, beim Zeus, sprach er, von der einen

Seele sagt man doch, daß sie Vernunft hat und Tugend und gut ist, von der andern aber, daß sie Unvernunft und Verderben hat und schlecht ist, und das sagt man doch mit Recht? – Mit Recht freilich. – Die nun sagen, daß die Seele eine Stimmung ist, was werden die wohl sagen, daß dieses sei in den Seelen, die Tugend und das Laster? Etwa wiederum eine andere Stimmung und Verstimmtheit? So daß die eine gestimmt ist, die Gute, und in ihr selbst, die doch Stimmung ist, eine andere Stimmung hat, die andere aber wiederum ungestimmt ist, und keine andere in sich hat? – Ich weiß es nicht zu sagen, sprach Simmias; offenbar aber müßte so etwas sagen, wer jenes voraussetzt. – Darüber aber sind wir ja vorher einig geworden, daß keine Seele mehr oder weniger Seele ist als die andere, und dies ist doch ebensoviel, als daß keine Stimmung mehr oder weniger Stimmung ist als die andere; nicht wahr? – Freilich. – Die aber weder mehr noch weniger Stimmung ist, ist auch weder mehr noch weniger gestimmt. Ist es so? – So ist es. – Die aber weder mehr noch weniger gestimmte, hat die wohl größeren oder geringeren Anteil an dem Wesen der Stimmung oder gleichen? – Gleichen. – Also auch die Seele, wenn die eine eben dieses, Seele, weder mehr noch weniger ist als die andere, ist sie also auch weder mehr noch weniger gestimmt? – So ist es. – Und steht es so, so hat auch die eine weder mehr noch weniger Anteil an Verstimmtheit oder Stimmung? – Freilich nicht. – Und steht es wiederum so, könnte dann wohl die eine mehr oder weniger als die andere Anteil haben an Tugend und Laster, wenn doch das Laster Verstimmtheit ist und die Tugend Stimmung? – Nicht mehr. – Oder vielmehr, o Simmias, wenn wir es recht genau nehmen, wird keine Seele irgend Anteil am Laster haben, wenn sie Stimmung ist. Denn da die Stimmung immer vollkommen eben dieses ist, Stimmung, so kann sie an der Verstimmtheit gar niemals Anteil haben. – Freilich nicht. – Dann also auch nicht die Seele, da sie vollkommen Seele ist, am Laster. – Wie ginge das wohl nach dem Gesagten? – Nach dieser Rede also werden uns alle Seelen aller Lebendigen gleich gut sein, wenn sie doch ihrer Natur nach gleich sehr dieses sind, Seelen. – So dünkt mich auch, Sokrates, sprach er. – Dünkt es dich aber auch recht so gesagt zu sein, und daß der Rede dieses begegne, wenn die Annahme richtig wäre, daß die Seele Stimmung sei? – Ganz und gar nicht, sagte er. – Und wie, über alles was an dem Menschen ist, sagst du nicht, daß eben die Seele herrsche, zumal noch die vernünftige? – Gewiß nichts anderes. – Und etwa immer nachgebend den Zuständen des Leibes, oder auch ihnen widerstrebend? Ich meine nämlich so, wenn dieser Hitze hat oder Durst, daß sie doch auf die entgegengesetzte Seite zieht, zum Nichttrinken, und wenn Hunger zum Nichtessen, und in tausend anderen Dingen sehen wir doch die Seele dem Leiblichen widerstreben? Oder nicht? – Allerdings. – Haben wir aber nicht im vorigen zugegeben, daß sie niemals, wenn sie Stimmung ist, entgegengesetzt klingen kann, wie jenes gespannt und nachgelassen und geschwungen wird, oder was sonst dem widerfährt, woraus sie hervorgeht; sondern daß sie jenem folgen muß und niemals anführen? – Das haben wir zugegeben; wie sollten wir nicht? – Und wie? Scheint sie uns nun nicht doch ganz das Gegenteil zu tun, alles jenes zu regieren, woraus man doch sagt daß sie bestehe, und dem fast überall das ganze Leben hindurch zu widerstreben und es zu beherrschen auf alle Weise, bald härter im Zaum haltend und auf schmerzhafte Weise, wie in Sachen der Gymnastik und Heilkunst, bald wieder gelinder? Und bald drohend, bald verweisend mit den Begierden, dem Zorn, der Furcht, als eine andere mit einem anderen redend, wie auch Homeros in der Odyssee gedichtet hat, wo er vom Odysseus sagt: Aber er schlug an die Brust und strafte das Herz mit den Worten, Dulde nun aus mein Herz, noch Härteres hast du geduldet. Meinst du wohl, er habe dies gedichtet in der Meinung, sie sei eine Stimmung und eigne sich, geleitet zu werden von den Zuständen des Leibes, und nicht selbst sie zu leiten und zu beherrschen, weil sie nämlich etwas weit göttlicheres ist als einer Stimmung zu vergleichen? – Beim Zeus, Sokrates, so kommt es mir nicht vor. – Also, mein Bester, mag es wohl auf keine Weise recht sein von uns, zu sagen, die Seele sei eine Stimmung. Denn wir würden, wie wir sehen, weder mit dem Homeros, dem göttlichen Dichter, eins sein, noch mit uns selbst. – So verhalte es sich allerdings, sagte er.

Gut denn, sagte Sokrates, mit der Thebischen Harmonia sind wir, wie es scheint, noch so leidlich fertig geworden. Wie werden wir uns nun aber, o Kebes, auch mit dem Kadmos einigen und auf welche Weise? – Das denke ich, sprach Kebes, wirst du schon auffinden. Diese Rede wenigstens gegen die Stimmung hast du ganz wunderbar über meine Erwartung durchgeführt. Denn als Simmias sagte, was für Zweifel er hätte, verwunderte es mich gar sehr, was wohl jemand mit seiner Rede würde anfangen können, und doch konnte sie hernach nicht einmal den ersten Anlauf der deinigen aushalten, wie mir schien. So würde ich mich also auch nicht wundern, wenn dasselbige auch der Rede des Kadmos begegnete. – O Guter, sprach Sokrates, nur nicht großsprechen, damit uns nicht ein Zauber das, was gesagt werden soll, verrufe und verdrehe. Doch das soll bei Gott stehen, wir aber wollen nun auf gut homerisch näher tretend hieran versuchen, ob du wohl etwas sagst. Was du aber suchst, scheint mir der Hauptsache nach zu sein, du verlangst, es soll gezeigt werden, daß unsere Seele unvergänglich und unsterblich ist, wenn doch ein philosophischer Mann, der im Begriff zu sterben guten Mutes ist und der Meinung, daß er nach seinem Tode sich dort vorzüglich wohl befinden werde, mehr als wenn er einer andern Lebensweise folgend gestorben wäre, wenn ein solcher nicht ganz unverständig und töricht sein soll bei seinem guten Mut. Zu zeigen aber, daß die Seele etwas Starkes und Göttliches ist, und daß sie war ehe wir geboren wurden, dies alles behauptest du könne gar füglich auch keine Unsterblichkeit andeuten, sondern daß die Seele zwar etwas lange Beharrendes ist, und wer weiß wie lange Zeit vorher irgendwo gewesen ist und vielerlei gewußt und getan hat, aber deshalb doch noch nicht unsterblich wäre, sondern eben dieses, daß sie in menschlichen Leib gekommen, könne schon der Anfang ihres Unterganges gewesen sein, gleichsam als eine Krankheit, und so könne sie in Jammer und Not dieses Leben leben und am Ende desselben in dem was man Tod nennt untergehn. Und ob sie einmal in den Leib kommt oder oft, dies behauptest du könne keinen Unterschied darin machen, daß doch jeder von uns müsse besorgt sein. Denn es gehöre sich gar wohl, daß jeder, wer nicht unverständig sein wolle, sich fürchte, der nicht wisse und keine Rechenschaft davon geben könne, daß sie unsterblich ist. Dies ist es ungefähr, glaube ich, o Kebes, was du meinst, und absichtlich wiederhole ich es öfter, damit uns nichts davon entgeht und auch du, wenn du willst etwas hinzusetzen und davon tun kannst. – Darauf sagte Kebes: Für jetzt habe ich wohl nichts davon zu tun oder hinzuzusetzen; sondern dies ist es was ich sagen will.

Darauf hielt Sokrates einige Zeit inne, als ob er etwas bei sich bedächte, und sagte dann: Es ist keine schlechte Sache, o Kebes, welche du aufregst. Denn wir müssen nun im Allgemeinen vom Entstehen und Vergehen die Ursache behandeln. Ich also will dir, wenn du willst, darlegen, wie es mir damit ergeht. Dünkt dich dann etwas von dem, was ich sage, brauchbar zu sein zur Überzeugung von dem, wonach du fragst; so brauche es. – Allerdings, sprach Kebes, das will ich. – So höre denn, was ich sagen werde. In meiner Jugend nämlich, o Kebes, hatte ich ein wundergroßes Bestreben nach jener Weisheit, welche man die Naturkunde nennt; denn es dünkte mich gar etwas Herrliches, die Ursachen von allem zu wissen, wodurch jegliches entsteht und wodurch es vergeht und wodurch es besteht, und hundertmal wendete ich mich bald hier- bald dorthin, indem ich bei mir selbst zuerst dergleichen überlegte, ob, wenn das Warme und Kalte in Fäulnis gerät, wie einige gesagt haben, dann Tiere sich bilden? Und ob es wohl das Blut ist, wodurch wir denken, oder die Luft oder das Feuer? oder wohl keines von diesen, sondern das Gehirn uns alle Wahrnehmungen hervorbringt, des Sehens und Hörens und Riechens, und aus diesen dann Gedächtnis und Vorstellung entsteht, und aus Erinnerung und Vorstellung, wenn sie zur Ruhe kommen, dann auf dieselbe Weise Erkenntnis entsteht? Und wenn ich wiederum das Vergehen von alle diesem betrachtete und die Veränderungen am Himmel und auf der Erde, so kam ich mir am Ende zu dieser ganzen Untersuchung so untauglich vor, daß gar nichts darüber geht. Und davon will ich dir hinreichenden Beweis geben. Nämlich was ich vorher auch ganz genau wußte, wie es mir und den anderen vorkam, darüber erblindete ich nun bei dieser

Untersuchung so gewaltig, daß ich auch das verlernte, was ich vorher zu wissen glaubte von vielen anderen Dingen, und so auch davon, wodurch der Mensch wächst. Denn dies, glaubte ich vorher, wisse jeder, daß es vom Essen und Trinken herkäme. Denn wenn aus den Speisen zum Fleische Fleisch hinzukommt und zu den Knochen Knochen und ebenso nach demselben Verhältnis auch zu allem übrigen das Verwandte sich hinzufindet, dann würde natürlich die Masse, die vorher wenig gewesen war, hernach viel, und so der kleine Mensch groß. So glaubte ich damals; dünkt dich nicht das ganz leidlich? – Ei wohl, sagte Kebes. – Bedenke auch noch dies: Ich glaubte genug daran zu haben, wenn ein Mensch neben einem anderen kleinen stehend groß schien, daß er um einen Kopf größer wäre, und so auch ein Pferd neben dem anderen, und was noch deutlicher ist als dieses, Zehn schien mir mehr als Achte zu sein, weil noch zwei dabei sind, und das Zweifüßige größer als das Einfüßige, weil es um die Hälfte herüberragt. – Und jetzt, sprach Kebes, was dünkt dich hievon? – Daß ich, sagte er, beim Zeus, gar weit entfernt bin, auch nur zu glauben, daß ich zu irgend etwas hievon die Ursache wisse, da ich mir ja das nicht einmal gelten lasse, daß wenn jemand Eins zu Einem hinzunimmt, dann entweder das Eine, zu welchem hinzugenommen worden, Zwei geworden ist, oder das Hinzugenommene und das zu welchem hinzugenommen worden, eben weil Eins zu dem Anderen hinzugekommen, Zwei geworden sind. Denn ich wundere mich, wie doch, als jedes für sich war, jedes von ihnen soll Eines gewesen sein, und sie damals nicht Zwei waren, nun sie aber einander nahe gekommen, dieses die Ursache gewesen ist, daß sie Zweie geworden sind, die Vereinigung, daß man sie nebeneinander gestellt hat. Und ebensowenig, wenn jemand Eines zerspaltet, kann ich mich noch überreden, daß wiederum dieses, die Spaltung, Ursache geworden ist, daß Zwei geworden sind. Denn dies wäre ja eine ganz entgegengesetzte Ursache des Zweiwerdens als damals. Damals nämlich, weil sie einander näher gebracht wurden und Eines zum anderen hinzugesetzt, nun aber, weil Eines vom Anderen hinweggeführt und getrennt wird. Auch nicht, warum Eines wird, getraue ich mich noch zu wissen, noch sonst irgend etwas mit einem Wort warum es wird oder vergeht oder ist, nämlich nach dieser Art und Weise der Untersuchung, sondern ich mische mir eine andere auf gut Glück zusammen, diese aber lasse ich auf keine Weise gelten. Sondern als ich einmal einen hörte aus einem Buche, wie er sagte vom Anaxagoras, lesen, daß die Vernunft das Anordnende ist und aller Dinge Ursache, an dieser Ursache erfreute ich mich, und es schien mir auf gewisse Weise sehr richtig, daß die Vernunft von allem die Ursache ist, und ich gedachte, wenn sich dies so verhält, so werde die ordnende Vernunft auch alles ordnen, und jegliches stellen, so wie es sich am besten befindet. Wenn nun einer die Ursache von jeglichem finden wollte, wie es entsteht oder vergeht oder besteht, so dürfe er nur dieses daran finden, wie es gerade diesem am besten sei zu bestehen oder irgend sonst etwas zu tun oder zu leiden. Und dem zufolge dann gezieme es dem Menschen nicht, nach irgend etwas anderem zu fragen, sowohl in Bezug auf sich als auf alles andere, als nach dem Trefflichsten und Besten, und derselbe werde dann notwendig auch das Schlechtere wissen, denn die Erkenntnis von beiden sei dieselbe. Dieses nun bedenkend freute ich mich, daß ich glauben konnte, über die Ursache der Dinge einen Lehrer gefunden zu haben, der recht nach meinem Sinne wäre, an dem Anaxagoras, der mir nun auch sagen werde, zuerst, ob die Erde flach ist oder rund, und wenn er es mir gesagt, mir dann auch die Notwendigkeit der Sache und ihre Ursache dazu erklären werde, indem er auf das Bessere zurückginge und mir zeigte, daß es ihr besser wäre, so zu sein. Und wenn er behauptete, sie stände in der Mitte, werde er mir dabei erklären, daß es ihr besser wäre in der Mitte zu stehn; und wenn er mir dies deutlich machte, war ich schon ganz entschlossen, daß ich nie mehr eine andere Art von Ursache begehren wollte. Ebenso war ich entschlossen, mich nach der Sonne gleichermaßen zu erkundigen und dem Monde und den übrigen Gestirnen wegen ihrer verhältnismäßigen Geschwindigkeit und ihrer Umwälzungen und was ihnen sonst begegnet, woher es doch jedem besser ist, das zu verrichten und zu erleiden, was jeder erleidet. Denn ich glaubte ja nicht, nachdem er einmal behauptet, alles sei von der Vernunft geordnet, daß er irgend einen anderen Grund mit hineinziehen werde, als daß es das Beste sei, daß sie sich so verhalten wie sie sich verhalten; und also glaubte ich, indem er für jedes einzelne und alles insgemein den Grund nachwiese, werde er das Beste eines jeglichen darstellen und das für alles insgesamt Gute. Und für vieles hätte ich diese Hoffnung nicht weggegeben; sondern ganz emsig griff ich zu den Büchern und las sie durch, so schnell ich nur konnte, um nur aufs schnellste das Beste zu erkennen und das Schlechtere. Und von dieser wunderbaren Hoffnung, o Freund, fiel ich ganz herunter, als ich fortschritt und las und sah, wie der Mann mit der Vernunft gar nichts anfängt und auch sonst gar nicht Gründe anführt, die sich beziehen auf das Anordnen der Dinge, dagegen aber allerlei Luft und Äther und Wasser vorschiebt und sonst vieles zum Teil Wunderliches. Und mich dünkte, es sei ihm so gegangen, als wenn jemand zuerst sagte: Sokrates tut alles was er tut, mit Vernunft. Dann aber, wenn er sich daran machte, die Gründe anzuführen von jeglichem, was ich tue, dann sagen wollte, zuerst, daß ich jetzt deswegen hier säße, weil mein Leib aus Knochen und Sehnen besteht und die Knochen dicht sind und durch Gelenke voneinander geschieden, die Sehnen aber so eingerichtet, daß sie angezogen und nachgelassen werden können und die Knochen umgeben nebst dem Fleisch und der Haut, welche sie zusammenhält. Da nun die Knochen in ihren Gelenken schweben, so machten die Sehnen, wenn ich sie nachlasse und anziehe, daß ich jetzt im Stande sei meine Glieder zu bewegen, und aus diesem Grunde säße ich jetzt hier mit gebogenen Knien. Ebenso wenn er von unserem Gespräch andere dergleichen Ursachen anführen wollte, die Töne nämlich und die Luft und das Gehör und tausenderlei dergleichen herbeibringen, ganz vernachlässigend, die wahren Ursachen anzuführen, daß nämlich, weil es den Athenern besser gefallen hat mich zu verdammen, deshalb es auch mir besser geschienen hat, hier sitzenzubleiben und gerechter die Strafe geduldig anzustehen, welche sie angeordnet haben. Denn, beim Hunde, schon lange, glaube ich wenigstens, wären diese Sehnen und Knochen in Megara oder bei den Böotiern, durch die Vorstellung des Besseren in Bewegung gesetzt, hätte ich es nicht für gerechter und schöner gehalten, lieber als daß ich fliehen und davongehn sollte, dem Staate die Strafe zu büßen, die er ordnet. Also dergleichen Ursachen zu nennen ist gar zu wunderlich; wenn aber einer sagte, daß ohne dergleichen zu haben, Sehnen und Knochen und was ich sonst habe, ich nicht im Stande sein würde, das auszuführen was mir gefällt, der würde richtig reden. Daß ich aber deshalb täte was ich tue, und es insofern mit Vernunft täte, nicht wegen der Wahl des Besten, das wäre doch gar eine große und breite Untauglichkeit der Rede, wenn sie nicht im Stande wäre zu unterscheiden, daß bei einem jeden Dinge etwas anderes ist die Ursache und etwas anderes jenes, ohne welches die Ursache nicht Ursache sein könnte; und eben dies scheinen mir wie im Dunkeln tappend die meisten mit einem ungehörigen Namen, als wäre es selbst die Ursache, zu benennen. Darum legt dann der eine einen Wirbel um die Erde und läßt sie dadurch unter dem Himmel stehenbleiben, der andere stellt ihr, wie einem breiten Troge einen Fußschemel, die Luft, unter. Daß sie aber nun so liege, wie es am besten war sie zu legen, die Bedeutung davon suchen sie gar nicht auf, und glauben auch gar nicht, daß darin eine besondere höhere Kraft liege, sondern meinen, sie hätten wohl einen Atlas aufgefunden, der stärker wäre und unsterblicher als dieser, und alles besser zusammenhielte; das Gute und Richtige aber, glauben sie, könne überall gar nichts verbinden und zusammenhalten. Ich nun wäre, um zu wissen, wie es sich mit dieser Ursache verhält, gar zu gern jedermanns Schüler geworden; da es mir aber so gut nicht wurde und ich dies weder selbst zu finden noch von einem anderen zu lernen vermochte. Willst du, daß ich dir von der zweitbesten Fahrt wie ich sie durchgeführt habe zur Erforschung der Ursache, eine Beschreibung gebe, o Kebes? – Ganz über die Maßen, sprach er, will ich das. – Es bedünkte mich nämlich nach diesem, da ich aufgegeben, die Dinge zu betrachten, ich müsse mich hüten, daß mir nicht begegne, was denen, welche die Sonnenfinsternis betrachten und anschauen, begegnet. Viele nämlich verderben sich die Augen, wenn sie nicht im Wasser oder sonst worin nur das Bild der Sonne anschauen.

So etwas merkte ich auch und befürchtete, ich möchte ganz und gar an der Seele geblendet werden, wenn ich mit den Augen nach den Gegenständen sähe und mit jedem Sinne versuchte, sie zu treffen. Sondern mich dünkt, ich müsse zu den Gedanken meine Zuflucht nehmen, und in diesen das wahre Wesen der Dinge anschauen. Doch vielleicht ähnelt das Bild auf gewisse Weise nicht so, wie ich es aufgestellt habe. Denn das möchte ich gar nicht zugeben, daß wer das Seiende in Gedanken betrachtet, es mehr in Bildern betrachte, als wer in den Dingen. Also dahin wendete ich mich, und indem ich jedesmal den Gedanken zum Grunde lege, den ich für den stärksten halte, so setze ich, was mir scheint mit diesem übereinzustimmen, als wahr, es mag nun von Ursachen die Rede sein oder von was nur sonst, was aber nicht, als nicht wahr. Ich will dir aber noch deutlicher sagen wie ich es meine; denn ich glaube, daß du es jetzt nicht verstehst. – Nein, beim Zeus, sagte Kebes, nicht eben sonderlich. – Ich meine es eben so, fuhr er fort, gar nichts Neues, sondern was ich schon sonst immer und so auch in der eben durchgeführten Rede gar nicht aufgehört habe zu sagen. Ich will nämlich gleich versuchen, dir den Begriff der Ursache aufzuzeigen, womit ich mich beschäftigt habe, und komme wiederum auf jenes Abgedroschene zurück und fange davon an, daß ich voraussetze, es gebe ein Schönes an und für sich, und ein Gutes und Großes und so alles andere, woraus, wenn du mir zugibst und einräumst, daß es sei, ich dann hoffe, dir die Ursache zu zeigen und nachzuweisen, daß die Seele unsterblich ist. – So säume nur ja nicht, sprach Kebes, es durchzuführen, als hätte ich dir dies längst zugegeben. – So betrachte denn, fuhr er fort, was daran hängt, ob dir das eben so vorkommt wie mir. Mir scheint nämlich, wenn irgend etwas anderes schön ist außer jenem Selbstschönen, es wegen gar nichts anderem schön sei, als weil es Teil habe an jenem Schönen, und ebenso sage ich von allem. Räumst du diese Ursache ein? – Die räume ich ein, sprach er. – Und so verstehe ich denn gar nicht mehr und begreife nicht jene anderen gelehrten Gründe; sondern wenn mir jemand sagt, daß irgend etwas schön ist, entweder weil es eine blühende Farbe hat oder Gestalt oder sonst etwas dieser Art, so lasse ich das andere, denn durch alles übrige werde ich nur verwirrt gemacht, und halte mich ganz einfach und kunstlos und vielleicht einfältig bei mir selbst daran, daß nichts anderes es schön macht als eben jenes Schöne, nenne es nun Anwesenheit oder Gemeinschaft, wie nur und woher sie auch komme, denn darüber möchte ich nichts weiter behaupten, sondern nur, daß vermöge des Schönen alle schönen Dinge schön werden. Denn dies dünkt mich das allersicherste zu antworten, mir und jedem anderen; und wenn ich mich daran halte, glaube ich, daß ich gewiß niemals fallen werde, sondern daß es mir und jedem anderen sicher ist zu antworten, daß vermöge des Schönen die schönen Dinge schön werden. Oder dünkt dich das nicht auch? – Das dünkt mich. – Also auch vermöge der Größe das Große groß und das Größere größer, und vermöge der Kleinheit das Kleinere kleiner? – Ja. – Also du würdest es auch nicht annehmen, wenn jemand von einem sagen wollte, er sei größer als ein anderer vermöge des Kopfes, und der Kleinere vermöge desselbigen auch kleiner, sondern würdest darauf beharren, daß du gar nichts anderes meinst, als daß alles Größere als ein anderes, nur vermöge der Größe größer ist und wegen sonst nichts, und eben um deswillen, um der Größe willen, und das Kleinere vermöge sonst nichts kleiner als der Kleinheit, und eben um deswillen kleiner, um der Kleinheit. Und das aus Furcht, glaube ich, daß dir nicht eine andere Rede entgegentrete, wenn du sagtest, einer sei des Kopfes wegen größer und kleiner, zuerst nämlich, daß wegen des nämlichen das Größere größer sei und das Kleinere kleiner, und dann, daß des Kopfes wegen, der doch selbst klein ist, das Größere größer sei, und daß das doch ein Wunder sei, daß wegen etwas Kleinem einer groß sein soll. Oder würdest du das nicht fürchten? – Da lachte Kebes und sagte, Freilich wohl. – Also, fuhr er fort, daß Zehn mehr ist als Acht, um Zwei, und um dieser Ursache willen es übertreffe, der zwei wegen, und nicht der Vielheit wegen und durch die Vielheit, das würdest du dich fürchten zu sagen. So auch daß das Zweifüßige größer wäre als das Einfüßige, vermöge der Hälfte und nicht vermöge der Größe? Denn dabei ist doch dieselbe Besorgnis. – Allerdings, antwortete er. – Und wie, wenn

Eines zu Einem hinzugesetzt worden, daß dann die Hinzufügung Ursache sei, daß Zwei geworden sind, und wenn Eines gespalten worden, dann die Spaltung, würdest du dich nicht scheuen das zu sagen, und vielmehr laut erklären, du wüßtest nicht, daß irgend wie anders jegliches werde, als indem es teilnähme an dem eigentümlichen Wesen eines jeglichen, woran es Teil hat, und so fändest du gar keine andere Ursache des Zweigewordenseins, als eben die Teilnehmung an der Zweiheit, an welcher alles teilnehmen müsse, was Zwei sein solle, so wie an der Einheit, was Eins sein solle? Die Spaltungen aber und Hinzufügungen und andere solche Herrlichkeiten, würdest du die nicht liegen lassen und anderen anheimstellen, damit zu antworten, die gelehrter sind als du; du selbst aber aus Furcht, wie man sagt, vor deinem eigenen Schatten und deiner Ungeschicktheit, an jener sicheren Voraussetzung dich haltend, immer so antworten? Wenn sich aber einer an die Voraussetzung selbst hielte, würdest du den nicht gehen lassen und nicht eher antworten, bis du, was von ihr abgeleitet wird, betrachtet hättest, ob es miteinander stimmt oder nicht stimmt? Und solltest du dann von jener selbst Rechenschaft geben, würdest du sie nicht auf die gleiche Weise geben, nämlich eine andere Voraussetzung wieder voraussetzend, welche dir eben von den höherliegenden die beste dünkte, bis du auf etwas befriedigendes kämest, nicht aber untereinander mischend wie die Streitkünstler bald von dem ersten Grunde reden und bald von dem daraus abgeleiteten, wenn du nämlich irgend etwas, wie es wirklich ist, finden wolltest. Denn jene freilich haben hieran vielleicht gar keinen Gedanken und keine Sorge, sondern sind imstande, wenn sie auch in ihrer Weisheit alles durcheinander rühren, doch noch sich selbst zu gefallen. Gehörst du aber zu den Philosophen, so denke ich, wirst du es so machen, wie ich sage. – Ganz vollkommen wahr, redest du, sagten Simmias und Kebes zugleich.

Echekrates: Beim Zeus, o Phaidon, mit Recht. Denn gar wunderbar einleuchtend scheint mir der Mann dieses gesagt zu haben für jeden, der auch nur ein wenig Vernunft hat.

Phaidon: Allerdings, o Echekrates, und so schien es auch allen Anwesenden.

Echekrates: Und auch uns den Abwesenden, die es jetzt hören. Aber was war nur, was hiernächst gesagt wurde?

Phaidon: Wie ich glaube, nachdem ihm dieses eingeräumt und zugestanden war, daß jeglicher Begriff etwas sei an sich, und durch Teilnahme an ihnen die anderen Dinge den Beinamen von ihnen erhalten, so fragte er hierauf: Wenn du nun dieses so annimmst, mußt du dann nicht, wenn du behauptest, Simmias sei größer als Sokrates, als Phaidon aber kleiner, sagen, daß in dem Simmias beides sei, Größe und Kleinheit? – Freilich. – Und so gestehst du doch, daß Simmias den Sokrates überragt, damit verhalte es sich nicht in der Tat so, wie es buchstäblich ausgedrückt wird. Denn es ist nicht des Simmias Natur, schon dadurch daß er Simmias ist zu überragen, sondern durch die Größe, die er zufällig hat, auch nicht den Sokrates zu überragen, deshalb, weil Sokrates Sokrates ist, sondern nur weil Sokrates Kleinheit hat in Bezug auf jenes Größe. – Richtig. – Auch nicht vom Phaidon überragt zu werden, deshalb, weil Phaidon Phaidon ist, sondern weil er Größe hat in Vergleich mit Simmias Kleinheit. – So ist es. – So hat also Simmias den Beinamen klein zu sein und groß, selbst in der Mitte stehend zwischen beiden, indem er vermittelst des Übertreffens durch Größe des einen Kleinheit übertrifft, dem anderen aber Größe zugesteht, welche seine Kleinheit übertrifft. Dabei lächelte er und sagte: Ich werde wohl noch gar wie ein Gerichtsschreiber so genau reden; aber es verhält sich denn doch wie ich sage. – Jener stimmte bei. – Ich sage dies aber, weil ich möchte, du wärest derselben Meinung wie ich. Denn mir leuchtet ein, daß nicht nur die Größe selbst niemals will zugleich groß und klein sein, sondern daß auch die Größe in uns niemals das Kleine aufnimmt oder will übertroffen werden, sondern eines von beiden, daß sie entweder flieht und aus dem Wege geht, wenn ihr Gegenteil, das Kleine sich nähert, oder wenn es da ist untergeht, niemals aber bleibend und die Kleinheit aufnehmend etwas anders sein will als sie war; so wie ich allerdings aushaltend und die Kleinheit aufnehmend, derselbige bin, der ich war, und nur eben dieser selbige klein bin. Jene aber hat nicht das

Herz, indem sie groß ist, auch klein zu sein. So auch das Kleine in uns will niemals groß werden oder sein; noch auch sonst eins von zwei Entgegengesetzten will dasselbe bleibend, was es war, zugleich auch sein Gegenteil werden oder sein, sondern entweder geht es davon oder es geht unter, wenn ihm dies begegnet. – Auf alle Weise, sprach Kebes, leuchtet mir das auch ein. – Da sagte einer von den Anwesenden, wer es aber war erinnere ich mich nicht mehr genau: Bei den Göttern, war uns nicht in unseren vorigen Reden gerade das Gegenteil von dem, was jetzt gesagt wird, herausgekommen, daß nämlich aus dem Kleineren das Größere werde und aus dem Größeren das Kleinere, und daß gerade dies die Art sei, wie entgegengesetzes wird aus Entgegengesetztem? Nun aber scheint mir gesagt zu werden, daß das gar nicht möglich ist. – Sokrates hatte sich hingeneigt und zugehört, und sagte: Das hast du wacker erinnert, nur bemerkst du nicht den Unterschied zwischen dem jetzt Gesagten und dem Damaligen. Damals nämlich wurde gesagt, aus dem entgegengesetzten Dinge werde das entgegengesetzte Ding, jetzt aber, daß das Entgegengesetzte selbst sein Entgegengesetztes niemals werden will, weder das in uns noch das in der Natur. Damals nämlich, o Freund, redeten wir von den Dingen, die das Entgegengesetzte an sich haben und benannten sie mit den Namen von jenen, jetzt aber von jenen selbst, durch deren Einwohnung die so genannten Dinge ihre Benennung erhalten. Und von diesen selbst behaupten wir doch wohl nicht, daß sie einen Übergang in einander zulassen. Zugleich sah er den Kebes an, und fragte: Hat auch dich vielleicht, o Kebes, irre gemacht, was dieser sagte? – Nein, sagte Kebes, so steht es nicht mit mir; wiewohl ich nicht sagen will, daß nicht vieles mich irre macht. – Darüber also sind wir eins geworden, fuhr Sokrates fort, ganz unbedingt, daß das Entgegengesetzte niemals sein Entgegengesetztes sein wird. – Auf alle Weise. – So betrachte denn auch noch dieses, ob du auch darüber mit mir einig sein wirst. Du nennst doch etwas warm und kalt? – Das tue ich. – Etwa dasselbe was auch Schnee und Feuer? – Nein, beim Zeus, ich nicht. – Sondern etwas anderes als das Feuer ist das Warme, und etwas anderes als der Schnee das Kalte? – Ja. – Aber das, denke ich, glaubst du doch, daß niemals der Schnee als Schnee das Warme aufnehmen und wie wir im vorigen sagten, noch sein wird was er war, Schnee und zugleich warm; sondern wenn das Warme sich nähert, wird er ihm entweder aus dem Wege gehen oder verschwinden. – Freilich. – Und so das Feuer wiederum, wenn ihm das Kalte naht, wird entweder darunter weggehen oder verschwinden, nie aber das Herz haben, die Kälte aufzunehmen und noch sein zu wollen was es war, Feuer und kalt. – Wohl gesprochen, sagte er. – Diese Bewandtnis also, fuhr er fort, hat es mit einigen Dingen, daß nicht nur der Begriff selbst sich seinen Namen aneignen will für alle Zeit, sondern auch noch etwas anderes, welches zwar nicht er selbst ist, aber doch immer seine Gestalt an sich trägt, so lange es ist. Vielleicht wird hieran noch deutlicher werden, was ich meine. Das Ungerade muß doch immer diesen Namen bekommen, den wir jetzt genannt haben; oder nicht? – Allerdings. – Aber dieses allein, denn danach frage ich, oder auch noch etwas anderes, welches zwar nicht das Ungerade selbst ist, aber was man doch immer auch mit dem Namen desselben nennen muß, weil es so geartet ist, daß es das Ungerade nie kann fahren lassen? Ich meine damit das, was auch der Dreiheit begegnet und noch vielem anderen. Denn überlege dir nur wegen der Drei, glaubst du nicht, daß sie immer muß sowohl mit ihrem Namen genannt werden, als mit dem des Ungeraden, ohnerachtet dieses nicht dasselbe ist wie die Dreiheit; aber dennoch ist dies die natürliche Beschaffenheit der Drei und der Fünf, und überhaupt der einen ganzen Hälfte der Zahl, daß ohnerachtet sie nicht dasselbe ist wie das Ungerade, doch jede von ihnen ungerade ist. Und wiederum die Zwei und die Vier, und die andere Reihe der Zahlen ist nicht dasselbe wie das Gerade, aber doch ist jede von ihnen immer gerade. Gibst du das zu oder nicht? – Wie sollte ich nicht, sprach er. So siehe nun zu, was ich eigentlich deutlich machen will. Es ist nämlich dieses, daß nicht nur jenes Entgegengesetzte selbst sich einander nicht annimmt; sondern auch alles das, was einander eigentlich nicht entgegengesetzt ist, doch aber das Entgegengesetzte immer in sich hat, auch dieses scheint jene Idee nicht annehmen zu wollen, die der in ihm wohnenden entgegengesetzt ist, sondern wenn sie kommt entweder unterzugehen oder sich davon zu machen. Oder wollen wir nicht sagen, die Drei werde eher untergehen und sich alles andere gefallen lassen, als aushalten Drei zu sein, und zugleich gerade zu werden? – Allerdings, sagte Kebes. – Nun ist doch die Zwei der Drei nicht entgegengesetzt. – Freilich nicht. – Also nicht nur die entgegengesetzten Begriffe lassen einander nicht zu, sondern auch noch einiges andere läßt das Entgegengesetzte nicht an sich kommen. – Vollkommen richtig, sprach er, redest du. – Sollen wir nun, fuhr jener fort, wenn wir es können, bestimmen, welcherlei diese sind? – Wohl. – Werden es nun nicht diejenigen sein, o Kebes, welche dasjenige, wovon sie Besitz nehmen, nicht nur nötigen, ihre eigene Idee immer festzuhalten, sondern auch immer die eines gewissen entgegengesetzten? – Wie meinst du das? – Wie wir eben sagten. Denn du weißt doch, alles wovon die Idee der Dreiheit Besitz nimmt, ist notwendig nicht nur Drei, sondern auch ungerade? – Freilich. – Zu einem solchen nun, sagen wir, kann die Idee, welche der Form entgegengesetzt ist, die dies bewirkt, niemals kommen? – Freilich nicht. – Bewirkt hat dies aber die Form des Ungeraden. – Ja. – Und entgegengesetzt dieser ist die des Geraden? – Ja. – Also kann zu Gedrittem niemals die Form des Geraden kommen. – Offenbar nicht. – Ohne allen Anteil an dem Geraden ist also das Gedritte? – Ohne Anteil. – Also ist die Drei ungerade? – Ja. – Was ich also bestimmen wollte, welche Dinge nämlich, ohne einem gewissen entgegengesetzt zu sein, doch dessen Gegenteil nicht annehmen, wie jetzt die Drei dem Geraden nicht entgegengesetzt ist, es aber dem ohnerachtet doch nicht aufnimmt; denn immer bringt sein Gegenteil mit sowohl die Zwei dem Ungeraden, als das Feuer dem Kalten, und vieles andere, dieses nun siehe zu, ob du es wohl so bestimmst, daß nicht nur ein Entgegengesetztes das andere nicht aufnimmt, sondern auch, wenn etwas allem woran es sich macht, den einen Gegensatz zubringt, so kann eben dieses Zubringende den Gegensatz des Zugebrachten niemals annehmen. Rufe es dir nur noch einmal zurück, denn es ist nicht übel, es oft zu hören. Die Fünf wird nie die Form des Geraden annehmen, noch die Zehn die des Ungeraden als das Zwiefache. Auch dieses selbst ist einem anderen entgegengesetzt, aber dennoch nimmt es die Form des Ungeraden nicht an. Ebensowenig des anderthalbe und alles dergleichen als Halbes die des Ganzen, oder das Dritteil und alles dergleichen, wenn du folgst und einstimmst. – Gar sehr, sprach er, stimme ich ein und folge auch. – So sage mir denn, sprach er, noch einmal von Anfang an, und antworte mir, nicht das gerade was ich frage, sondern mich nachahmend ein anderes. Ich sage das nämlich, weil ich außer jener vorher gegebenen sicheren Antwort vermittelst des jetzt Gesagten noch eine andere Sicherheit absehe. Denn wenn du mich fragtest, wem was doch in dem Leibe einwohnt, wird dieser warm sein, so würde ich dir nicht jene einfältige sichere Antwort geben, wem Wärme; sondern eine feinere vermöge des jetzt Gesagten, nämlich wem Feuer. Noch auch, wenn du fragtest, welchem Leibe wag doch einwohnt, der wird krank sein, werde ich sprechen, welchem Krankheit, sondern welchem Fieber. Noch auch, wenn was doch einer Zahl einwohnt, wird sie ungerade sein, werde ich antworten, wenn Ungeradigkeit, sondern wenn Einheit, und so überall. Siehe nun zu, ob du schon zur Genüge verstehst, was ich will. – Vollkommen zur Genüge, sagte er. – Antworte also, sprach er: Wenn was doch dem Leibe einwohnt, wird er lebend sein? – Wenn Seele, antwortete er. – Und verhält sich dies auch immer so? – Wie sollte es nicht, sagte er. – Die Seele also, wessen sie sich bemächtigt, zu dem kommt sie, immer Leben mitbringend. – Das tut sie freilich. – Ist nun wohl etwas dem Leben entgegengesetzt, oder nichts? – Es ist. – Und was? – Der Tod. – Also wird wohl die Seele das Gegenteil dessen, was sie immer mitbringt, nie annehmen, wie wir aus dem vorigen festgesetzt haben. – Und gar sehr festgesetzt. – Wie nun? Was die Idee des Geraden nie aufnimmt, wie nannten wir das eben? – Ungerade. – Und was das Gerechte nie annimmt und das Künstlerische nie annimmt? – Unkünstlerisch, sprach er, und jenes ungerecht. – Wohl. Und was den Tod nie annimmt, wie nennen wir das? – Unsterblich, sagte er. – Und die Seele nimmt doch den Tod nie an? – Nein. – Unsterblich also ist die Seele? – Unsterblich. – Wohl, sprach er. Wollen wir also sagen, dies sei erwiesen, oder wie dünkt dich? –

Und zwar ganz vollständig, o Sokrates. – Wie nun, sprach er, o Kebes; wenn das Ungerade notwendig unvergänglich wäre, würde dann die Drei nicht auch unvergänglich sein? – Wie sollte sie nicht? – Und nicht wahr, wenn auch das Unwarme notwendig unvergänglich wäre, so müßte, wenn jemand an den Schnee Wärme brächte, der Schnee sich davon machen, aber wohlbehalten und ungeschmolzen? Denn vergehen könnte er ja nicht, aber auch nicht bleiben und die Wärme aufnehmen. – Wohl gesprochen, sagte er. – Und eben so, denke ich, wenn das Unkalte unvergänglich wäre und jemand an das Feuer Kaltes brächte, so würde es nicht verlöschen und auch nicht vergehen, sondern nur wohlbehalten sich entfernen. – Notwendig. – Muß man nun nicht eben so auch von dem Unsterblichen sagen, daß wenn das Unsterbliche auch unvergänglich ist, die Seele unmöglich, wenn der Tod an sie kommt, untergehen kann. Denn den Tod, vermöge des Vorhergesagten, kann sie nicht annehmen und gestorben sein, wie die Drei niemals kann gerade sein, ebensowenig als das Ungerade selbst, noch auch das Feuer kalt, ebensowenig als die Wärme in dem Feuer. Aber was hindert, könnte jemand sagen, daß das Ungerade zwar niemals gerade wird, wenn das Grade ihm ankommt, wie auch eingestanden ist, aber wohl, daß es umkommt und statt seiner uns ein Gerades entsteht? Wer nun das sagte, dem könnten wir nicht abstreiten, daß es nicht umkomme. Denn das Ungerade ist nicht unvergänglich. Wenn aber dies erst eingestanden wäre, dann könnten wir leicht durchfechten, daß wenn das Gerade kommt, das Ungerade und die Drei nur davon gehen, und vom Feuer und dem Warmen und allem anderen würden wir es eben so durchfechten. Oder nicht? – Gewiß. – Nicht so auch jetzt von dem Unsterblichen, wenn uns nur erst eingestanden wäre, daß es zugleich auch unvergänglich ist, wäre uns die Seele außerdem, daß sie unsterblich ist auch unvergänglich; wo aber nicht, so müßte man es anders anfangen. – Dessen bedarf es nun wohl nicht, sprach er, was dies betrifft. Denn gute Wege hätte es, daß irgend etwas sich dem Untergang entziehen könnte, wenn auch das Unsterbliche und immer Seiende den Untergang annähme. – Gott wenigstens, sprach Sokrates, und die Idee des Lebens selbst wird wohl, wenn überhaupt etwas unsterblich ist, von jedem eingestanden werden, daß es niemals untergehe. – Beim Zeus, sagte er, von jedem Menschen ja schon, und noch mehr, denke ich, von den Göttern. – Wenn also das Unsterbliche auch unvergänglich ist, wäre dann nicht die Seele, wenn sie doch unsterblich ist, zugleich auch unvergänglich? – Ganz notwendig. – Tritt also der Tod den Menschen an, so stirbt, wie es scheint, das Sterbliche an ihm, das Unsterbliche aber und Unvergängliche zieht wohlbehalten ab, dem Tode aus dem Wege. – Das leuchtet ein. – Ganz sicher also, o Kebes, ist die Seele unsterblich und unvergänglich, und in Wahrheit werden unsere Seelen sein in der Unterwelt. – Ich wenigstens, o Sokrates, sagte er, vermag weder etwas anderes hiegegen vorzubringen, noch deinen Reden den Glauben zu versagen; weiß aber unser Simmias oder sonst ein anderer etwas, so wird es wohlgetan sein, es nicht zu verschweigen. Denn ich wüßte nicht, auf welche andere Gelegenheit als die jetzt noch vorhandene es jemand verschieben könnte, der etwas über diese Gegenstände sagen oder hören will. – Allerdings, sagte Simmias, weiß auch ich nicht, wie ich nicht beistimmen soll, dem Gesagten zufolge; jedoch wegen der Größe der Gegenstände, worauf die Reden sich beziehen, und wie ich auf die menschliche Schwachheit wenig halte, bin ich gedrungen, bei mir selbst noch einen Unglauben zu behalten über das Gesagte. – Nicht nur das, o Simmias, sagte Sokrates, sondern wie du hierin ganz recht gesprochen hast, müßt ihr auch in alle Wege unsere ersten Voraussetzungen, wenn sie euch auch zuverlässig sind, doch noch genauer in Erwägung ziehen; und wenn ihr sie euch befriedigend auseinandergesetzt habt, dann, denke ich, werdet ihr auch der Rede folgen, so weit nur irgend ein Mensch sie verfolgen kann. Und wenn eben dieses gewiß geworden ist, dann werdet ihr nichts weiter suchen. – Vollkommen richtig. – Und so ist denn dieses, ihr Männer, wohl wert bemerkt zu werden, daß, wenn die Seele unsterblich ist, sie auch der Sorgfalt bedarf nicht für diese Zeit allein, welche wir das Leben nennen, sondern für die ganze Zeit, und das Wagnis zeigt sich nun eben erst recht furchtbar, wenn jemand sie vernachlässigen wollte. Denn wenn der Tod eine Erledigung von allem wäre, so wäre es ein Fund für die Schlechten, wenn sie sterben, ihren Leib los zu werden, aber auch ihre Schlechtigkeit mit der Seele zugleich. Nun aber diese sich als unsterblich zeigt, kann es ja für sie keine Sicherheit vor dem Übel geben und kein Heil, als nur wenn sie so gut und vernünftig geworden ist als möglich. Denn nichts anderes kann sie doch mit sich haben, wenn sie in die Unterwelt kommt, als nur ihre Bildung und Nahrung, die ihr ja auch, wie man sagt, gleich so wie sie gestorben ist den größten Nutzen oder Schaden bringt, gleich am Anfang der Wanderung dorthin. Denn man sagt ja, daß jeden Gestorbenen sein Dämon, der ihn schon lebend zu besorgen hatte, dieser ihn auch dann an einen Ort zu führen sucht, von wo aus mehrere zusammen, nachdem sie gerichtet sind, in die Unterwelt gehen mit jenem Führer, dem es aufgetragen ist, die von hier dorthin zu führen. Nachdem ihnen dann dort geworden, was ihnen gebührt, und sie die gehörige Zeit dageblieben, bringt ein anderer Führer sie wieder von dort hieher zurück nach vielen und großen Zeitabschnitten. Und diese Reise ist wohl nicht so, wie der Telephos des Aischylos sie beschreibt. Denn jener sagt, es führe nur ein einfacher Fußsteig in die Unterwelt; ich aber glaube, daß es weder einer ist noch ein einfacher. Sonst würde es ja keines Führers bedürfen, denn nirgends hin kann man ja fehlen, wo nur ein Weg geht. Nun aber mag er sich wohl oftmals teilen und winden. Dies schließe ich aus dem, was bei uns als heilige Feier eingeführt und gebräuchlich ist. Die sittige und vernünftige Seele nun folgt und verkennt nicht, was ihr widerfährt; die aber begehrlich an dem Leibe sich hält, wie ich auch vorher sagte, drängt sich lange Zeit immer um ihn herum und in dem sichtbaren Ort umher, und nach vielem Sträuben und vielen Versuchen wird sie endlich mit Mühe und gewaltsam von dem angeordneten Dämon abgeführt. Kommt sie nun dahin, wo auch die anderen sich befinden, so wird der unreinen und die etwas dergleichen verübt hat, habe sie sich nun mit ungerechtem Morde befaßt oder anderes dergleichen begangen, was dem verschwistert und verschwisterter Seelen Werk ist, diese meidet jeder und weicht ihr aus, und will weder ihr Reisegefährte, noch ihr Führer werden; sie aber irrt in gänzlicher Unsicherheit befangen, bis gewisse Zeiten um sind, nach deren Verlauf die Notwendigkeit sie in die ihr angemessene Wohnung bringt. Die aber rein und mäßig ihr Leben verbracht und Götter zu Reisegefährten und Führern bekommen hat, bewohnt jede den ihr gebührenden Ort. Es hat aber die Erde viele und wunderbare Orte und ist weder an Größe noch Beschaffenheit so, wie von denen, die über die Erde zu reden pflegen, geglaubt wird, nach dem, was mir einer glaublich gemacht hat. – Darauf sagte Simmias: Wie meinst du das, o Sokrates? Denn über die Erde habe ich auch schon vielerlei gehört, wohl aber nicht das, was dich befriedigt; darum möchte ich es gern hören. – Das ist ja wohl keine große Kunst, o Simmias, sagte er, zu erzählen was ist; aber freilich, daß es so wahr ist, das möchte wieder schwerer sein als schwer; und teils möchte ich es vielleicht nicht können, teils auch wenn ich es verstände, möchte doch mein Leben wenigstens, o Simmias, für die Größe der Sache nicht mehr hinreichen. Doch die Gestalt der Erde, wie ich belehrt bin, daß sie sei, und ihre verschiedenen Orte hindert mich nichts zu beschreiben. – Auch das, sprach Simmias, soll uns genug sein. – Zuerst also bin ich belehrt worden, daß, wenn sie rund inmitten des Himmels steht, sie weder Luft brauche um nicht zu fallen, noch irgend einen anderen solchen Grund, sondern um sie zu halten, hinreichend sei die durchgängige Einerleiheit des Himmels und das Gleichgewicht der Erde selbst. Denn ein im Gleichgewicht befindliches Ding, in die Mitte eines anderen solchen gesetzt, wird, keinen Grund haben, sich irgend wohin mehr oder weniger zu neigen, und daher auf gleiche Weise zu allem sich verhaltend, wird es ohne Neigung bleiben. Dieses, sagte er, habe ich zuerst angenommen. – Und sehr mit Recht, sprach Simmias. – Dann auch, daß sie sehr groß sei und daß wir, die vom Phasis bis an die Säulen des Herakles reichen, nur in einem sehr kleinen Teile, wie Ameisen oder Frösche um einen Sumpf, so wir um das Meer herum wohnen, viele andere aber anderwärts an vielen solchen Orten. Denn es gebe überall um die Erde her viele Höhlungen und mannigfaltige von Gestalt und Größe, in welchen Wasser und Nebel und Luft zusammengeflossen sind, die Erde selbst aber liege rein in dem reinen Himmel, an welchem auch die Sterne sind, und den die meisten, welche über dergleichen zu reden pflegen, Äther nennen, dessen Bodensatz nun eben dieses ist, und immer in den Höhlungen der Erde zusammenfließt. Wir nun merkten es nicht, daß wir nur in diesen Höhlungen der Erde wohnten, und glaubten oben auf der Erde zu wohnen, wie wenn ein mitten im Grunde der See Wohnender glaubte, oben an dem Meere zu wohnen, und weil er durch das Wasser die Sonne und die andern Sterne sähe, das Meer für den Himmel hielte, aus Trägheit aber und Schwachheit niemals bis an den Saum des Meeres gekommen wäre, noch über das Meer aufgetaucht und hervorgekrochen, um diesen Ort zu schauen, wieviel reiner und schöner er ist als der bei ihm, noch auch von einem anderen, der ihn gesehen, dies gehört hätte; gerade so erginge es auch uns. Denn wir wohnten in irgend einer Höhlung der Erde und glaubten oben darauf zu wohnen, und nennten die Luft Himmel, als ob diese der Himmel wäre durch welchen die Sterne wandeln. Damit aber sei es gerade so, daß wir aus Trägheit und Schwachheit nicht vermöchten hervorzukommen bis an den äußersten Saum der Luft. Denn wenn jemand zur Grenze der Luft gelangte oder Flügel bekäme und hinaufflöge, so würde er dann hervortauchen und sehen, wie hier die Fische, wenn sie einmal aus dem Meer herauftauchen, was hier ist sehen, so würde dann ein solcher auch das dortige sehen, und wenn seine Natur die Betrachtung auszuhalten vermöchte, dann erkennen, daß jenes der wahre Himmel ist und das wahre Licht und die wahre Erde. Denn die Erde hier bei uns und die Steine und der ganze Ort hier ist zerfressen und verwittert, wie was im Meere liegt, vom Salz angefressen ist, und nichts der Rede wertes im Meere wächst, noch es irgend etwas Vollkommenes darin gibt, sondern nur Klüfte und Sand und unendlichen Kot und Schlamm, wo es noch Erde gibt, und nichts, was irgend mit unseren Schönheiten könnte verglichen werden; jenes aber würde wiederum noch weit vorzüglicher sich zeigen vor dem Unsrigen. Und darf man auch wohl eine schöne Erzählung vorbringen, Simmias, so lohnt es wohl zu hören, wie das auf der Erde unter dem Himmel beschaffen ist. – Gewiß, sprach Simmias, werden wir diese Erzählung gern hören, o Sokrates. – Man sagt also zuerst, o Freund, diese Erde sei so anzusehen, wenn sie jemand von obenherab betrachtete, wie die zwölfteiligen ledernen Bälle, in so bunte Farben geteilt, von denen unsere Farben hier gleichsam Proben sind, alle die, deren sich die Maler bedienen. Dort aber bestehe die ganze Erde aus solchen und noch weit glänzenderen und reineren als diese. Denn ein Teil sei purpurrot und wunderbar schön, ein anderer goldfarbig, ein anderer weiß, aber viel weißer als Alabaster oder Schnee, und eben so aus jeder anderen Farbe bestehe einer, und aus noch mehreren und schöneren als wir gesehen haben. Denn selbst diese Höhlungen der Erde, welche mit Wasser und Luft angefüllt sind, bilden eine eigene Art von Farbe, welche in der Vermischung aller anderen Farben glänzt, so daß sie ganz und gar als ein ununterbrochenes Bunt erscheint. Auf dieser so beschaffenen nun wachsen verhältnismäßig eben solche Gewächse, Bäume, Blumen und Früchte. Ebenso haben auch die Gebirge und die Steine nach demselben Verhältnis ihre Vollendung und Durchsichtigkeit und schönere Farben, von denen aber auch unsere so sehr gesuchten Steinchen hier Teile sind, die Karneole und Jaspisse und Smaragden und alle dergleichen; dort aber sei nichts, was nicht so wäre und noch schöner als diese. Die Ursache hievon aber sei, daß jene Steine rein sind und nicht angefressen noch verwittert, wie die hiesigen von Fäulnis und Schärfe alles dessen, was hier zusammenfließt und Steinen und Erden und allen Gewächsen und Tieren Entstellungen und Krankheiten verursacht. Die Erde also sei mit alle diesem geschmückt, und außerdem noch mit Gold und Silber und dem übrigen der Art, welches glänzend dort zu finden sei und in großer Menge wachse und überall auf der Erde, so daß sie zu schauen ein beseligendes Schauspiel sei. Tiere aber gebe es auf ihr vielerlei andere und auch Menschen, welche teils mitten im Lande wohnen, teils so um die Luft herum, wie wir um das Meer herum, teils auch auf luftumflossenen Inseln um das feste Land her. Und mit einem Worte, was uns Wasser und Meer ist für unsere Bedürfnisse, das sei jenen dort die Luft, und was uns die Luft, das jenen der Äther. Und die Witterung habe eine solche Mischung bei ihnen, daß sie ohne Krankheit wären, und weit längere Zeit lebten als die hiesigen, und ihr Gesicht, Gehör, Geruch und was dahin gehört von dem unsrigen in demselben Maß abstände, wie die Luft vom Wasser absteht, und der Äther von der Luft in Absicht der Reinheit. Auch haben sie weiter Tempel und Heiligtümer für die Götter, in denen aber die Götter wahrhaft wohnen, und Stimmen, Weissagungen, Erscheinungen der Götter und mehr dergleichen Verkehr mit ihnen; und Sonne, Mond und Sterne sähen sie, wie sie wirklich sind und dem sei auch ihre übrige Glückseligkeit gemäß. So demnach sei die ganze Erde geartet, und was sie umgibt; rund umher auf ihr aber gebe es nach Maßgabe ihrer Höhlung viele Orte, einige tiefer und weiter geöffnet als der, in welchem wir wohnen, andere wiederum tiefer, aber mit einer engeren Öffnung als die unser Ort hat; und welche sind wohl auch flacher und dabei doch breiter als der hiesige. Alle diese nun wären unter der Erde vielfältig gegen einander durchgebohrt, enger und weiter, so daß sie Durchgänge haben unter sich, durch welche denn vieles Wasser aus einem in den anderen fließt, wie in Becher, und daß es unversiegliche Ströme von unübersehbarer Größe unter der Erde gebe von warmen Wassern und kalten und vieles Feuer und große Ströme von Feuer, viele auch von feuchtem Schlamm, teils reinerem teils schmutzigerem, wie in Sikelien die vor dem Feuerstrome sich ergießenden Ströme von Schlamm und der Feuerstrom selbst, von denen denn alle Örter erfüllt werden, je nachdem jedesmal jeder seinen

Umlauf nimmt. Und dieses alles bewege hinauf und hinunter gleichsam eine in der Erde befindliche Schaukel; diese Schaukel aber bestehe durch folgende Einrichtung ohngefähr. Einer nämlich von diesen Erdspalten ist auch sonst der größte und quer durch die ganze Erde gebohrt. Dieser ist nun, wie Homeros davon singt: Ferne, wo tief sich öffnet der Abgrund unter der Erde, derselbe, den anderwärts er und auch sonst viele andere Dichter den Tartaros genannt haben. In diesen Spalt nun strömen alle diese Flüsse zusammen und strömen auch wieder von ihm aus; und alle werden so wie der Boden, durch welchen sie strömen. Die Ursache aber, warum alle Ströme von hier ausfließen und auch wieder hinein, ist, daß diese Flüssigkeit keinen Boden hat und keinen Grund. Daher schwebt sie und wogt immer auf und ab, und die Luft und der Hauch um sie her tut dasselbe. Denn dieser begleitet sie, sowohl wenn sie in die jenseitigen Gegenden der Erde strömt, als wenn in die diesseitigen. Und so wie der Hauch der Atmenden in beständiger Bewegung immer einströmt und ausströmt, so auch dort bildet der mit der Flüssigkeit wogende Hauch heftige und gewaltige Winde sowohl im Hineingehen als im Herausgehen. Wenn nun strömend das Wasser nach der Gegend hin ausweicht, welche unten genannt wird, so fließt es in das Gebiet der dortigen Ströme und füllt es an wie beim Pumpen. Wenn es aber von dort wiederum sich wegzieht und hieher strömt, so erfüllt es dann die hiesigen. Diese, wenn sie erfüllt sind, strömen durch die Kanäle und durch die Erde; und wenn sie jeder in die Gegenden kommen, wohin sie jedesmal geleitet werden, so bilden sie Meere und Seen und Flüsse und Quellen. Von da tauchen sie nun wieder unter die Erde, und teils längere und mehrere Gegenden durchziehend, teils wenigere und kürzere, ergießen sie sich alle wieder in den Tartaros, einige viel weiter unten als wo sie ausgepumpt wurden, andere nicht soviel, aber unterhalb ihres Ausflusses fließen sie alle ein; und einige strömen wieder aus, gerade gegenüber der Stelle, wo sie eingeflossen sind, andere auf der nämlichen Seite. Ja, es gibt auch welche, die im Kreise herumziehen, ein oder mehrere Male sich um die Erde winden wie Schlangen und dann möglichst tief gesenkt sich wieder hinein ergießen. Möglich ist aber von beiden Seiten nur, sich bis zur Mitte herabzusenken, weiter nicht. Denn für beiderlei Ströme geht das jenseitige wiederum aufwärts. So gibt es nun gar viele andere große und verschiedene Ströme, unter diesen vielen aber gibt es vorzüglich viere, von denen der größte und der am äußersten rund herum fließende, der sogenannte Okeanos ist; diesem gegenüber und in entgegengesetzter Richtung fließend ist der Acheron, welcher durch viele andere wüste Gegenden fließt, vorzüglich aber auch unter der Erde fortfließend in den Acherusischen See kommt, wohin auch der meisten Verstorbenen Seelen gelangen, und nachdem sie gewisse bestimmte Zeiten dort geblieben, einige länger andere kürzer, dann wieder ausgesendet werden zu den Erzeugungen der Lebendigen. Der dritte Fluß strömt aus zwischen diesen beiden, und ergießt sich ohnweit seiner Quelle in eine weite, mit einem gewaltigen Feuer brennende Gegend, wo er einen See bildet, größer als unser Meer und siedend von Wasser und Schlamm. Von hieraus bewegt er sich dann im Kreise herum, trübe und schlammig, und indem er sich um die Erde herumwälzt, kommt er nächst anderen Orten auch an die Grenzen des Acherusischen Sees, jedoch ohne daß ihre Gewässer sich vermischten. Und nachdem er sich oftmals unter der Erde umhergewälzt, ergießt er sich zu allerunterst in den Tartaros. Dies ist der, den man Pyriphlegethon nennt, von welchem auch die feuerspeienden Berge, wo sich deren auf der Erde finden, kleine Teilchen herauf blasen. Diesem wiederum gegenüber strömt der vierte aus, zuerst in eine furchtbare und wilde Gegend, wie man sagt, und die von Farbe ganz und gar dunkelblau ist, welche sie die Stygische nennen, und den See, welchen der Fluß bildet, den Styx. Nachdem sich dieser nun hier hineinbegeben und gewaltige Kräfte aufgenommen in sein Wasser, geht er unter die Erde, wälzt sich herum, kommt dem Pyriphlegethon gegenüber wieder hervor, und trifft auf den Acherusischen See an der gegenüberliegenden Seite. Und auch dieser vermischt sein Wasser mit keinem anderen, sondern geht ebenfalls im Kreise herum und ergießt sich wieder in den Tartaros gegenüber dem Pyriphlegethon. Sein Name aber heißt, wie die Dichter sagen, Kokytos. Da nun dieses so ist, so werden, sobald die Verstorbenen an dem Orte angelangt sind, wohin der Dämon jeden bringt, zuerst diejenigen ausgesondert, welche schön und heilig gelebt haben, und welche nicht. Die nun dafür erkannt werden, einen mittelmäßigen Wandel geführt zu haben, begeben sich auf den Acheron, besteigen die Fahrzeuge, die es da für sie gibt und gelangen auf diesen zu dem See. Hier wohnen sie und reinigen sich, büßen ihre Vergehungen ab, wenn einer sich wie vergangen hat und werden losgesprochen, wie sie auch eben so für ihre guten Taten den Lohn erlangen, jeglicher nach Verdienst. Deren Zustand aber für unheilbar erkannt wird wegen der Größe ihrer Vergehungen, weil sie häufigen und bedeutenden Raub an den Heiligtümern begangen oder viele ungerechte und gesetzwidrige Mordtaten vollbracht oder anderes, was dem verwandt ist, diese wirft ihr gebührendes Geschick in den Tartaros, aus dem sie nie wieder heraussteigen. Die hingegen heilbare zwar, aber doch große Vergehungen begangen zu haben erfunden werden, wie die gegen Vater oder Mutter im Zorn etwas Gewalttätiges ausgeübt, oder die auf diese oder andere Weise Mörder geworden sind, diese müssen zwar auch in den Tartaros stürzen, aber wenn sie hineingestürzt und ein Jahr darin gewesen sind, wirft die Welle sie wieder aus, die Mörder auf der Seite des Kokytos, die aber gegen Vater und Mutter sich versündigt, auf der des Pyriphlegethon. Wenn sie nun, auf diesen fortgetrieben, an den Acherusischen See kommen, so schreien sie da und rufen die, welche von ihnen getötet worden sind oder frevelhaft behandelt. Haben sie die nun herbeigerufen, so flehen sie und bitten, sie möchten sie lassen in den See aussteigen und sie dort aufnehmen. Wenn sie sie nun überreden, so steigen sie aus, und ihre Übel sind am Ende; wo nicht, so werden sie wieder in den Tartaros getrieben und aus diesem wieder in die Flüsse, und so hört es nicht auf ihnen zu ergehen, bis sie diejenigen überreden, welchen sie Unrecht getan haben; denn diese Strafe ist ihnen von den Richtern angeordnet. Die aber ausgezeichnete Fortschritte in heiligem Leben gemacht zu haben erfunden werden, dies endlich sind diejenigen, welche von allen diesen Orten im Innern der Erde befreit und losgesprochen von allem Gefängnis, hinauf in die reine Behausung gelangen und auf der Erde wohnhaft werden. Welche nun unter diesen durch Weisheitsliebe sich schon gehörig gereinigt haben, diese leben für alle künftigen Zeiten gänzlich ohne Leiber und kommen in noch schönere Wohnungen als diese, welche weder leicht wären zu beschreiben, noch würde die Zeit für diesmal zureichen. Aber schon um deswillen, was wir jetzt auseinandergesetzt haben, o Simmias, muß man ja wohl alles tun, um der Tugend und Vernunft im Leben teilhaftig zu werden. Denn schön ist der Preis und die Hoffnung groß.

Daß sich nun dies alles gerade so verhalte, wie ich es auseinandergesetzt, das ziemt wohl einem vernünftigen Mann nicht zu behaupten; daß es jedoch, sei es nun diese oder eine ähnliche Bewandtnis haben muß mit unseren Seelen und ihren Wohnungen, wenn doch die Seele offenbar etwas Unsterbliches ist, dies, dünkt mich, zieme sich gar wohl und lohne auch es darauf zu wagen, daß man glaube, es verhalte sich so. Denn es ist ein schönes Wagnis, und man muß mit solcherlei gleichsam sich selbst besprechen. Darum spinne ich auch schon so lange an der Erzählung. Also um deswillen muß ein Mann guten Mutes sein seiner Seele wegen, der im Leben die anderen Lüste, die es mit dem Leibe zu tun haben, und dessen Schmuck und Pflege hat fahren gelassen, als etwas ihn selbst nicht angehendes, und wodurch er nur Übel ärger zu machen befürchtete, jener Lust hingegen an der Forschung nachgestrebt und seine Seele geschmückt hat nicht mit fremdem, sondern mit dem ihr eigentümlichen Schmuck, Besonnenheit, Gerechtigkeit, Tapferkeit, Edelmut und Wahrheit, so seine Fahrt nach der Unterwelt erwartend, um sie anzutreten, sobald das Schicksal rufen wird. – Ihr nun, setzte er hinzu, o Simmias und Kebes und ihr übrigen, werdet ein andermal, jeder zu seiner Zeit abgehen; mich aber ruft jetzt schon, würde ein tragischer Mann sagen, das Geschick, und es ist wohl beinahe Zeit, sich nach dem Bade umzusehen. Denn es dünkt mich doch besser zu baden, ehe ich den Trank nehme, und nicht hernach den Weibern Mühe zu machen mit dem Waschen des Leichnams.

Als er dieses gesagt, sprach Kriton: Wohl, o Sokrates! Was trägst du aber diesen auf oder mir deiner

Kinder wegen, oder was wir sonst irgend dir noch recht zu Dank machen könnten, wenn wir es täten? – Was ich immer sage, sprach er, o Kriton, nichts besonderes weiter, daß nämlich, wenn ihr eurer selbst recht wahrnehmt, ihr mir und den meinigen und euch selbst alles zu Dank machen werdet, was ihr nur tut, und wenn ihr es auch jetzt nicht versprecht; wenn ihr aber euch selbst vernachlässigt, und nicht wollt gleichsam den Spuren des jetzt und sonst schon Gesagten nachgehen im Leben, ihr dann, wenn ihr jetzt noch so vieles und noch so heilig versprächet, doch nichts weiter damit ausrichten werdet. – Dieses also wollen wir uns bestreben, so zu machen, sagte Kriton. Aber auf welche Weise sollen wir dich begraben? – Wie ihr wollt, sprach er, wenn ihr mich nur wirklich haben werdet und ich euch nicht entwischt bin. Dabei lächelte er ganz ruhig, und sagte, indem er uns ansah: Diesen Kriton, ihr Männer, überzeuge ich nicht, daß ich der Sokrates bin, dieser, der jetzt mit euch redet und euch das Gesagte einzeln vorlegt, sondern er glaubt, ich sei jener, den er nun bald tot sehen wird und fragt mich deshalb, wie er mich begraben soll. Daß ich aber schon so lange eine große Rede darüber gehalten habe, daß wenn ich den Trank genommen habe, ich dann nicht länger bei euch bleiben, sondern fortgehen werde zu irgend welchen Herrlichkeiten der Seligen, das, meint er wohl, sage ich alles nur so, um euch zu beruhigen und mich mit. So leget ihr denn eine Bürgschaft für mich ein beim Kriton, und zwar eine ganz entgegengesetzte, als er bei den Richtern eingelegt hat. Denn er hat sich verbürgt, ich würde ganz gewiß bleiben, ihr aber verbürgt euch dafür, daß ich ganz gewiß nicht bleiben werde, wenn ich tot bin, sondern abgezogen und fort sein, damit Kriton es leichter trage, und wenn er meinen Leib verbrennen oder begraben sieht, sich nicht ereifere meinetwegen, als ob mir arges begegne; und damit er nicht beim Begräbnis sage, er stelle den Sokrates aus oder trage ihn heraus oder begrabe ihn. Denn wisse nur, sagte er, o bester Kriton, sich unschön ausdrücken ist nicht nur eben insofern sündlich, sondern bildet auch etwas Böses ein in die Seele. Sondern du mußt mutig sein und sagen, daß du meinen Leib begräbst, und diesen begrabe nur, wie es dir eben recht ist und wie du es am meisten für schicklich hältst. Dieses gesagt, stand er auf und ging in ein Gemach um zu baden, und Kriton begleitete ihn, uns aber hieß er dableiben. Wir blieben also und redeten untereinander über das Gesagte und überdachten es noch einmal; dann aber auch klagten wir wieder über das Unglück, welches uns getroffen hätte, ganz darüber einig, daß wir nun, gleichsam des Vaters beraubt, als Waisen das übrige Leben hinbringen würden. Nachdem er nun gebadet und man seine Kinder zu ihm gebracht hatte – er hatte nämlich zwei kleine Söhne und einen größeren – und die ihm angehörigen Frauen gekommen waren, sprach er mit ihnen in Kritons Beisein, und nachdem er ihnen aufgetragen, was er wollte, hieß er die Weiber und Kinder wieder gehen, er aber kam zu uns. Und es war schon nahe am Untergange der Sonne, denn er war lange drinnen geblieben. – Als er nun gekommen war, setzte er sich nieder nach dem Bade und hatte noch nicht viel seitdem gesprochen, so kam der Diener der Elfmänner, stellte sich zu ihm und sagte: O Sokrates, über dich werde ich mich nicht zu beklagen haben, wie über andere, daß sie mir böse werden und mir fluchen, wenn ich ihnen ansage, das Gift zu trinken auf Befehl der Oberen. Dich aber habe ich auch sonst schon in dieser Zeit erkannt als den Edelsten, Sanftmütigsten und Trefflichsten von allen, die sich jemals hier befunden haben, und auch jetzt weiß ich sicher, daß du nicht mir böse sein wirst, denn du weißt wohl wer Schuld daran ist, sondern jenen. Nun also, denn du weißt wohl, was ich dir zu sagen gekommen bin, lebe wohl, und suche so leicht als möglich zu tragen, was nicht zu ändern ist. Da weinte er, wendete sich um und ging. – Sokrates aber sah ihm nach, und sprach: Auch du lebe wohl, und wir wollen so tun. Und zu uns sagte er: Wie fein der Mensch ist. So ist er die ganze Zeit mit mir umgegangen, hat sich bisweilen mit mir unterredet und war der beste Mensch; und nun wie aufrichtig beweint er mich! Aber wohlan denn, o Kriton, laßt uns ihm gehorchen und bringe einer den Trank, wenn er schon ausgepreßt ist, wo nicht, so soll ihn der Mensch bereiten. – Da sagte Kriton: Aber mich dünkt, o Sokrates, die Sonne scheint noch an die Berge und ist noch nicht untergegangen. Und ich weiß, daß auch andere erst ganz spät getrunken haben, nachdem es ihnen ist angesagt worden, und haben noch gut gegessen und getrunken, ja einige haben gar noch Schöne zu sich kommen lassen, nach denen sie Verlangen hatten. Also übereile dich nicht; denn es hat noch Zeit. – Da sagte Sokrates: Gar Recht, o Kriton, hatten jene so zu tun, wie du sagst, denn sie meinten etwas zu gewinnen, wenn sie so täten, und gar Recht habe auch ich, nicht so zu tun. Denn ich meine nichts zu gewinnen, wenn ich um ein weniges später trinke, als nur, daß ich mir selbst lächerlich vorkommen würde, wenn ich am Leben klebte und sparen wollte, wo nichts mehr ist. Also geh, sprach er, folge mir und tue nicht anders. – Darauf winkte denn Kriton dem Knaben, der ihm zunächst stand, und der Knabe ging heraus, und nachdem er eine Weile weggeblieben, kam er und führte den herein, der ihm den Trank reichen sollte, welchen er schon zubereitet im Becher brachte. – Als nun Sokrates den Menschen sah, sprach er: Wohl, Bester, denn du verstehst es ja, wie muß man es machen? – Nichts weiter, sagte er, als wenn du getrunken hast, herumgehen bis dir die Schenkel schwer werden und dann dich niederlegen, so wird es schon wirken. Damit reichte er dem Sokrates den Becher, und dieser nahm ihn, und ganz getrost, o Echekrates, ohne im mindesten zu zittern oder Farbe oder Gesichtszüge zu verändern, sondern, wie er pflegte, ganz gerade den Menschen ansehend, fragte er ihn: Was meinst du von dem Trank wegen einer Spendung? Darf man eine machen oder nicht? – Wir bereiten nur soviel, o Sokrates, antwortete er, als wir glauben daß hinreichend sein wird. – Ich verstehe, sagte Sokrates. Beten aber darf man doch zu den Göttern und muß es, daß die Wanderung von hier dorthin glücklich sein möge, worum denn auch ich hiermit bete, und so möge es geschehen. Und wie er dies gesagt, setzte er an, und ganz frisch und unverdrossen trank er aus. Und von uns waren die meisten bis dahin ziemlich im Stande gewesen sich zu halten, daß sie nicht weinten; als wir aber sahen, daß er trank und getrunken hatte, nicht mehr. Sondern auch mir selbst flossen Tränen mit Gewalt, und nicht tropfenweise, so daß ich mich verhüllen mußte, und mich ausweinen, nicht über ihn jedoch, sondern über mein eigenes Schicksal, was für eines Freundes ich nun sollte beraubt werden. Kriton war noch eher als ich, weil er nicht vermochte die Tränen zurückzuhalten, aufgestanden. Apollodoros aber hatte schon früher nicht aufgehört zu weinen, und nun brach er völlig aus, weinend und unwillig sich gebärdend, und es war keiner, den er nicht durch sein Weinen erschüttert hätte, von allen Anwesenden, als nur Sokrates selbst, der aber sagte: Was macht ihr doch, ihr wunderbaren Leute! Ich habe vorzüglich deswegen die Weiber weggeschickt, daß sie dergleichen nicht begehen möchten; denn ich habe immer gehört, man müsse stille sein, wenn einer stirbt. Also haltet euch ruhig und wacker. Als wir das hörten, schämten wir uns und hielten inne mit Weinen. Er aber ging umher, und als er merkte, daß ihm die Schenkel schwer wurden, legte er sich gerade hin auf den Rücken, denn so hatte es ihn der Mensch geheißen. Darauf berührte ihn eben dieser, der ihm das Gift gegeben hatte, von Zeit zu Zeit, und untersuchte seine Füße und Schenkel. Dann drückte er ihm den Fuß stark und fragte, ob er es fühle; er sagte nein. Und darauf die Knie, und so ging er immer höher hinauf, und zeigte uns, wie er erkaltete und erstarrte. Darauf berührte er ihn noch einmal und sagte, wenn ihm das bis ans Herz käme, dann würde er hin sein. Als ihm nun schon der Unterleib fast ganz kalt war, da enthüllte er sich, denn er lag verhüllt und sagte, und das waren seine letzten Worte: O Kriton, wir sind dem Asklepios einen Hahn schuldig, entrichtet ihm den, und versäumt es ja nicht. – Das soll geschehen, sagte Kriton, sieh aber zu, ob du noch sonst etwas zu sagen hast. Als Kriton dies fragte, antwortete er aber nichts mehr, sondern bald darauf zuckte er, und der Mensch deckte ihn auf; da waren seine Augen gebrochen. Als Kriton das sah, schloß er ihm Mund und Augen. Dies, o Echekrates, war das Ende unseres Freundes, des Mannes, der unserem Urteil nach, von den damaligen mit denen wir es versucht haben, der Trefflichste war, und auch sonst der Vernünftigste und Gerechteste.